「友だち」から自由になる

石田光規

JN009381

光文社新書

はじめに

「友だちがほしい」

この言葉は長い年月にわたって、多くの人につぶやかれてきた。私たちは、人生に彩りを与えてくれるもの、困ったときに頼りになるものとして、友だちを尊重してきた。

友だちの存在を思い起こさせる歌、と聞かれると何を思い浮かべるだろうか。『一年生になったら』を思い浮かべる人も多いのではないだろうか。

いちねんせいに　なったら
いちねんせいに　なったら

ともだちひゃくにん　できるかな
ひゃくにんで　たべたいな
ふじさんのうえで　おにぎりを
ぱっくん　ぱっくん　ぱっくんと

まどみちおさんが一九六六年につくったこの歌は、現在も幼稚園の卒園式や小学校の入学式で歌い継がれている。たくさんの友だちとおにぎりをほおばる姿からは、どことなくほほえましい光景を想像させられる。

その一方で、この歌を聞くと、「私には友だちは一〇〇人もできない」と卑屈な思いを抱く人もいるようだ。たしかに、私も「友だちを一〇〇人あげてください」と言われても、とてもではないが、そんな人数は思い浮かばない。五〇年近く生きてきてもである。

卒園式や入学式の定番であった『一年生になったら』であるが、最近の卒園式では別の歌も歌われるようになった。中川ひろたかさんが二〇〇四年につくった『みんなともだち』という歌である。この歌詞も見てみよう。

みんなともだち　ずっとずっとともだち
がっこういっても　ずっとともだち
みんなともだち　ずっとずっとともだち
おとなになっても　ずっとともだち

みんないっしょに　うたをうたった
みんないっしょに　えをかいた
みんないっしょに　おさんぽをした
みんないっしょに　おおきくなった

みんなともだち　ずっとずっとともだち
がっこういっても　ずっとともだち
みんなともだち　ずっとずっとともだち
おとなになっても　ずっとともだち

『みんなともだち』の歌詞を目にした人のなかにも、先ほどと同じように、「幼稚園のころからずっと友だちでいられる人なんていないよなぁ」と悲しい思いを抱く人もいるだろう。私にも幼稚園のころから続いている「友だち」など一人もいない。

いずれの歌も友だちという存在の素晴らしさを歌っているのであるが、まどみちおさんの詞と中川ひろたかさんの詞は趣《おもむ》きがかなり異なる。一見してわかるように、中川さんの詞は、「うたをうたった」「えをかいた」とかなり具体的に友だちとの行動を描いている。最も違うのは、「ずっと」と永続性を強調していることだ。

まどさんの詞は、「いちねんせいになったら」と仮定表現を用いていることからも明らかなように、新しく出会う人と友だちになれるかどうかに着目している。一方、中川さんの詞は、今いる「友だち」と「ずっと友だち」であり続けることを強調している。言い換えると、まどさんの詞は小学校への期待を表しているように見え、中川さんの詞は幼稚園児の切実な願望を表しているようにも見える。

二つの詞の作成時期には、四〇年近くの隔たりがある。この間、友だち関係は、それほどまでにはかないものになったのだろうか。

この点に関連して、『ズッコケ三人組』という、小学六年生の少年三人を主人公にした人気シリーズの作者、那《な》須《す》正《まさ》幹《もと》さんが興味深いコメントを寄せている。

［…］ただ、最近、気がかりなことがある。ファンレターに、三人組のような関係が「うらやましい」と書かれていることが多くなった。

好きなことを言い合い、けんかをしてもすぐに仲直り、何かあった時は協力する。そんな三人組のような友達関係を想像することが、難しくなっているのだという。

（読売新聞二〇一九年一〇月二二日朝刊）

ここで那須さんは、「三人組のような友達関係を想像することが、難しくなっている」と指摘している。言い換えればこの言葉は、現代社会の友人関係が「三人組のような友達関係」から変化している、という認識を表している。

『ズッコケ三人組』シリーズの最初の作品、『それいけズッコケ三人組』が出版されたのは、今から四〇年以上前の一九七八年である。ハチベエ、ハカセ、モーちゃんの三人が繰り広げる冒険や友情の物語は多くの人に愛されていた。私も兄が買ってきたズッコケシリーズを夢中になって読んだ。

小学六年生の少年三人を主人公にしたシリーズは、二〇〇四年まで五〇冊の書籍が刊行され、すでに完結している。完結を振り返ったさいにも、那須さんは「ズッコケの世界と現実がだんだん乖離《かいり》して」（中國新聞　二〇一五年八月四日）という言葉を述べている。新聞記事や完結を振り返る言葉から、二〇〇〇年代の友人関係と一九七〇年代後半の友人関係に違いが見られることが推察される。

なぜこうも友人・友だちのあり方が異なってしまったのだろうか。「友だち」を主題とした本書は、友だちづくりの指南書ではない。むしろ、友だちをつくることを過剰に求める社会に、一石を投じるものだ。

友だちといてもさびしさを感じる。友だちをつくろうと思うと緊張する。本書が、そんな悩みを解消する一助となれば幸いである。

∴

最後に、「友人」「友だち」という言葉について、簡単に触れておきたい。本書では、この二つの言葉が頻出するが、それらの意味するところは同じである。

どちらかというと、友人は哲学的な議論や研究などフォーマルな場で使われることが多く、友だちは口語や歌詞など生活に近い場で使われることが多い。本書でもこれに倣《なら》い、文脈に応じて二つの言葉を使い分けている。

「友だち」から自由になる／目次

はじめに　3

第一章　変わりゆく「友だち」　19

1　昔と似て非なる「友だち」　20

友人、素晴らしいつながりとして／得がたいものか、ありふれたものか／日常目にするようになった「友だち」／友人というつながりの変化

2　つながりのなかに取り込まれていた時代　27

集団的な日本社会／コミュニティへの目覚め／会社と家族に取り込まれた私たち

3　固定化されたメンバーと育むつながり　32

メンバーとどうつきあうかが問われる社会／成熟したつながりとしての友人／高貴な男性の公的なつながりとしての友人

4　つながりを自足しなければならない時代　38

個人化した社会／人間関係の省略／誰かに選んでもらうために／着実に進む「一人」化／誰からも目を向けられない恐怖

5　つながりに感情を注ぎ込め　47

愛情や好意でつなぎ止める関係／二つの人情劇を比較する／似通ったあらすじ／最初の別れと家族愛への目覚め／父親の登場と二度目の別れ

6　形から入る友人へ　55

感情でつなぎ止められるつながりと友人／ギデンズの「純粋な関係性」と友人／友人関係の皮肉な現状／親子も友だちから

第二章　友だちには本音を言えない――63

1　場の空気を読んで親しさを装う　64

「形から入る友人」への転換／対立の回避と場の空気／友だちとケンカができない

2 「従来の青年観」から「新しい青年観」へ 68
従来の青年観／新しい青年観／「地獄」と化す友人関係

3 研究・データから見る「形から入る友人」 72
心理学研究から見た友人／実際のデータの検討Ⅰ——友人の数／実際のデータの検討Ⅱ——友人関係の中身

4 困ったときはお母さんに 81
相談できない私たち／相談相手はお母さん

5 メディアに見られる友人関係 88
新聞記事の分析／友人・親友という言葉の出現頻度／他方で増える家族、孤独・孤立の記事／さびしさと家族への傾斜／友情の物語を求める私たち

6 落ち着かない友人関係、母親と物語への傾斜 98
友人関係の悪循環／頼りにされる母親と友情の物語

第三章　会えなくてもつながる友だち　103

1　目の前にいない人と連絡をとる　104

当たり前ではなかった目の前にいない人との交流／目の前にいない人と交流する条件／文字の誕生と手紙のやり取り

2　手紙の時代　109

手紙の登場とシステムの整備／時間とお金のかかる目の前にいない人との交信／手紙に託された想い

3　声は電気に乗って　114

空間を超えた信号／即時的コミュニケーションの始まり／おしゃべりの発見

4　メッセージは空間を超えて　118

携帯電話の登場／爆発的な普及

5 スマホによる「自由からの逃走」 122

いくつかの論点／不安定なつながりの隙間を埋める携帯電話／可視化されるコミュニケーション

6 記録に残されるコミュニケーション 127

誰といつ何回話したか記録される社会／LINEによる可視化の進展／位置や電池残量までも可視化／つながらないことに耐えられない

7 可視化される承認と主張の多い個人 135

受け入れのていどがわかる社会／持続しない承認とネタ消費の拡大／会話のネタもスマホから

8 可視化される交友範囲 141

登録人数とグループの範囲／仲間はずれは私だけ?

9 情報通信ツールが線引きする友人関係 144

私たちをしばりつける目の前にいない人との交流／目の前にいない人との交流の影響を検証する

第四章　コスパで決める友だちづきあい——147

1　役に立つ人こそが友だち　148
友だちは大事な資源／友人関係の自由市場化

2　資源・資本になった人間関係　151
ソーシャル・キャピタルの流行／資本になった人間関係／友だちはコスパで決める／親子もまた資源

3　序列化される人間関係　157
資源と化す同僚・級友／ネットワーク組織の時代／受動的な従業員は淘汰される／スクールカーストの時代／スペックを高めよ

4　検索される友人　162
検索の時代／意見の合う人を求めて／純化した集団／マッチングアプリの活用／アプリを使う大学生／相手と向き合う機会の喪失

5　格差化するつながり、失われる居場所　172
選ばれる人、選ばれない人の選別／頼ることのできない日本人／コスパ志向で格差化する婚姻／生きづらいからこそ居場所を欲する

6　コロナ禍が変える友人関係Ⅰ——接触の選別　181
コロナ禍とコスパ化の進む友人関係／飲みニケーションの受難／つながりの薄い人はより厳しい状況に

7　コロナ禍が変える友人関係Ⅱ——オンラインの文化としての浸透　186
オンラインのさらなる浸透／オンラインの利点・対面の利点／加速する「接触の選別」／主流になる非対面の交信

第五章　「形から入る友人」関係を超えて

——193

1　「形から入る友人」に光明はないのか　194
現状を見つめ直す／「形から入る友人」と友情／昔も友人関係はもろかった／現代の友人関係もそこまで嘆くものではない

2　「友人・友だち」概念を脇においておく　201

「友だち」を意識しない／社会は「友だち」を意識させようとする／まず緩やかなつながりから

3　「新しい」コスパ志向のススメ　205

コスパ志向の見直し／アクセルロッドの実験／まず相手を信頼し、言うべきことは言う／相手を立てることこそ最高のコスパ／心のもちようを軽くする

あとがき　212

主要参考文献　215

目次・章扉・図版デザイン　椚田祥仁

第一章　変わりゆく「友だち」

1　昔と似て非なる「友だち」

友人、素晴らしいつながりとして

「はじめに」でも確認したように、私たちは友人・友だちというつながりに対して、「生活に彩りを与えてくれるもの」「困ったときに頼りになるもの」といったプラスのイメージを抱いてきた。友人を「よきもの」と見なすこの傾向は、はるか昔から変わっていない。

友人・友だち・友情を語る言説をたどると、かなり古い時代までさかのぼることができる。今から二五〇〇年前、古代ギリシア哲学の時代には、友情をめぐる議論がすでに存在していた。そこでの言説を繙《ひもと》いても、友人・友だち・友情は「素晴らしいもの」として描写されている。

友情について詳細に論じた最も古い言説は、古代ギリシアの哲学者プラトンが執筆した対話篇『リュシス』におさめられている。プラトンは対話篇『リュシス』において、師であるソクラテスに「友を得ることに恋い焦がれる。黄金よりもまずは友人を手に入れたいと思っている」と語らせている。

プラトンの弟子であるアリストテレスも、友人（友愛）について、「われわれの人生に最も必要なもの」と述べ、その重要性を指摘している。

紀元前四〇〇年の昔から語り続けられるほど、友人や友情は、人びとにとって重要なものだったのである。

得がたいものか、ありふれたものか

その一方で、現代と異なる傾向を見出すこともできる。たとえば、友人・友情の稀少性は今と比べるとかなり異なる。

ギリシアの哲学者たちは、友人、すなわち、友情で結ばれたつながりを簡単には得られないものと認識していた。というのも、彼らは友人関係を、理想の人間関係が具現化されたものと見なしていたからだ。

彼らは、友人関係を人が結ぶつながりの理想型と確定した後に、似たようなつながりのあり方を提示し、真の友情や真の友人関係とは何かを考察する。先にあげたプラトンの記述を確認してみよう。

プラトンは、友を「高慢さを挫《くじ》いて慎《つつし》みを覚えさせる」存在と認識している。このようなつながりを得るためには似たものどうしがよいのか、一方が他方を愛すればよいのか、おたがいの愛が必要かなどを、対話形式の議論から多岐《たき》にわたって検討してゆく。

結局のところプラトンは、「友とは何であるか見つけることができなかった」のだが、「恋い焦がれる」ほど友を欲する姿勢からは、友人の重要性と稀少性を垣間見ることができる。

友を稀少なものと見なす姿勢は、アリストテレスの友情論により鮮明に表れる。

アリストテレスは『ニコマコス倫理学』において、友愛（友人）を、快楽による友愛、有用性による友愛、善《よ》き人びとの友愛の三つに分ける。このうち、快楽による友愛、有用性による友愛は、快楽や有用性といった欲求により成り立つため、友愛のなかでは劣位に位置づけられる。

一方、たがいの善さ（徳）にもとづいて成り立ち、相手にも自らにも無条件に快い存在になりうる善き人びとの友愛は、「真の友愛」「完全な友愛」として、友愛のなかでも最上位に位置づけられる。このような友愛は、素晴らしいものであるがゆえに、なかなか手に入らない「稀なもの」だと指摘されている。

ギリシアから離れてもう少し現代に近い友情論を見ても、同じような見解が示されている。

友情論の執筆者としてしばしば取り上げられる、一六世紀のフランスを代表する哲学者モンテーニュは、『エセー』において、「人と人とのつながりの、最高の完成形態が友情にほかならない」と述べている。そのうえで、つながりの完成形態である完璧な友情は「三世紀に一度でもやってくれれば上々」と、やはりその稀少性を指摘している。

日本人、さらに女性に目を転じても、友人に理想の姿を見出し、稀少性を強調する姿勢は変わっていない。

友情論は大半が男性によって執筆されている。その理由は後述するとして、比較的早い時期に女性によって執筆された友情論として、村《むら》岡《おか》花《はな》子《こ》の『友情論』をあげておこう。

一八九三年に生まれた村岡花子は、児童文学の翻訳で知られている。モンゴメリの『赤毛のアン』を翻訳し、ＮＨＫ連続テレビ小説『花子とアン』（二〇一四年三月〜九月）のモデルにもなった。

村岡は、一九四七年という比較的早い時期に『友情論』を執筆した。その冒頭で、友情は「一段進んだ感情の生活」であり「人の人たるねうち」であり、「奇蹟」であると述べている。とはいえ、そういったつながりは簡単に得られるものではなく、「友情という言葉は、それにふさわしくない低級な交際にもしばしば用いられた」と指摘している。

日常目にするようになった「友だち」

友情が奇蹟の産物としてもてはやされるのと対照的に、現代の私たちの生活は「友だち」にあふれている。おそらく日本あるいは世界中の多くの人は、毎日のように「友人」「友だち」といった表現を目にしている。

現代社会を生きる人びとの多くは、スマートフォンを一日に一度は眺めるだろう。その端末には、おそらく、ＬＩＮＥ、Ｆａｃｅｂｏｏｋ、Ｉｎｓｔａｇｒａｍといったソーシャル・メディアが実装されているはずだ。これらのツールには「友だち」という言葉があふれている。

ソーシャル・メディアは、行為者とつながりのある相手を「友だち」とひとくくりにする。これらの人びとを文字通り「友だち」と解釈すれば、友だちが五〇〇人、一〇〇〇人いる人も少なくない。しかしこれらの「友だち」は、村岡に言わせれば、「それにふさわしくない低級な交際」にあたるものである。

村岡は「遊び友だちや知り合いといふ者はいくらでも作れますが、その人々が必ずしも友人になるとは限りません」と、友人の卓越性を指摘している。この言葉に照らせば、ＳＮＳ

でＩＤを交換しただけの「友だち」が村岡の述べる「友人」と異なるのは明らかだ。

「友だち」表現の拡散に呼応するかのように、友人・友だちの範囲も拡大している。飲み友、メル友（メールでつながっている友だち）のように、現代社会には、さまざまな種類の友人・友だちがあふれている。今では、挨拶するだけのつながりも、「よっ友」とラベルづけされ、友人関係のひとつと見なされている。

二〇二二年一月二〇日には、関西テレビの『報道ランナー』という番組において、「よっ友」が取り上げられていた。放送では理想のつながりを探求するのではなく、挨拶をするだけのつながりでも、友だちとして確保しておきたいと考える若者の心情に迫っていた。

友人というつながりの変化

友人という言葉が指し示す意味合いの変化は、友人・友だちというつながりの本質的な転換を想起させる。友人関係の大切さは、たしかに、今も昔も変わらないだろう。しかし、友人・友だちというつながりのあり方は、今と昔では根本的に異なっているのである。

友人をあるべき人間関係の理想像と見なしていた時代には、友人はつながりのあり方の到達目標ととらえられていた。ゆえに誰かと友人関係になるには長い時間がかかった。アリストテレスも、「友愛が育つには、さらに、時間と親密さが必要」と述べている。つまり、友人とは、長年つきあいを育《はぐく》んでやっと得られる可能性のある「奇蹟」の産物だったのである。

一緒に育むことで成り立つ友人関係は、人間関係があるていど固定しているからこそ可能なものだ。つきあう相手が頻繁《ひんぱん》に変わる社会では、時間をかけて友情を育むことは難しい。場所や所属先を頻繁に移動しながら、ときにはオンラインで人とつながる社会では、固有の人に割く時間は圧倒的に少なくなる。

流動性の高い社会で人間関係を確保するには、挨拶するだけの関係も友だちとしてキープしておかなければならない。現代社会を生きる私たちは、「よっ友」のように、つながりにあらかじめ「友人」「友だち」というラベルを貼り付け、つながりを確保しなければならないのである。さもなければ私たちには孤立が待ち受けている。

「友だち」の表現が拡散し、さまざまなつながりに「友」とラベルづけする社会は、友人関係に大きな変化をもたらしている。本章では、私たちを取り巻く人間関係の変化についてまとめ、友人・友だちの見方がどのように変わったのかを見てゆこう。

2　つながりのなかに取り込まれていた時代

集団的な日本社会

この数十年間で私たちのつながりに生じた最大の変化は、「あるていど自覚的に誰かとつながろうとしなければ、つながりから取り残されるようになった」ということだ。言い換えると、私たちは、数十年前まで、放っておいてもつながりに取り込まれる社会を生きていたのである。そして、そのようなつながりを息苦しいとも感じていた。

たとえば、農村や村落の共同体を前近代的・封建的と見なすまなざしには、こうしたつながりを克服すべきという考えが少なからず含まれていた。

とはいえ、日本社会には、一九五〇年代までは、農業を中心とする集団的体質が維持されていた。この点について、データと行政の報告書から簡単に確認しよう。

図1は一九五〇年から二〇一〇年までの産業別の労働人口を示している。産業は第一次、第二次、第三次とややおおざっぱに分類している。これを見ると、一九五〇年代までは、日

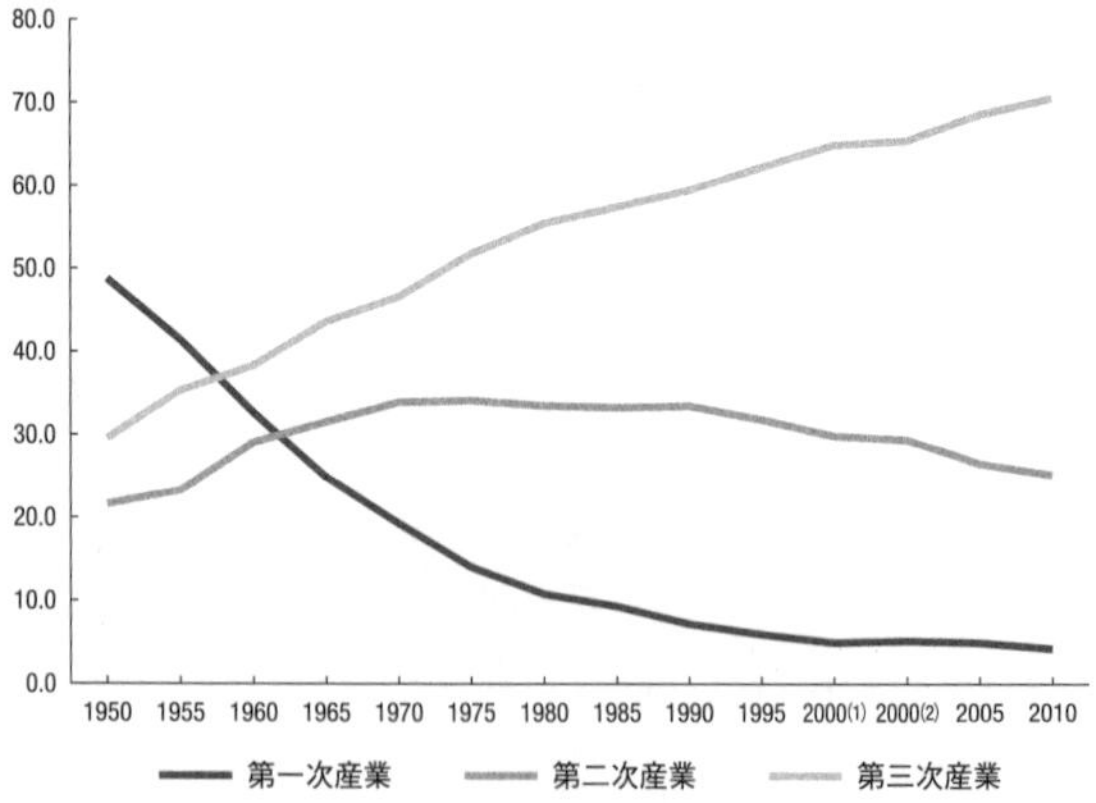

図1　産業別の労働人口(国勢調査より)

※1950年から2000(1)年までは平成14(2002)年3月改訂前の産業分類、2000(2)年から2010年までは平成19(2007)年11月改訂後の産業分類に基づく。

本社会では第一次産業が主流だったことがわかる。一九五五年でも四一・一%の人が第一次産業に従事しており、業種別の就業人口比率ではトップである。

農業や林業などは、先祖代々育ててきた土地を引き継ぐことを重視する。肥《ひ》沃《よく》な土地や山林を引き継ぐことが、家・イエの発展につながるからだ。土地の継承を優先するゆえに、人びとが頻繁に土地を移動することはあまりなかった。

また、生活をするにあたって、道路や水路などのライフラインを、共同で管理しなければならなかった。ゆえに、農村や村落の共同体には、集団を管理する厳格なルールが適用されていた。集団のルール破りは、他の成員の生命を脅《おびや》かす危険な行為だったのである。

高度経済成長が始まる一九六〇年代より前まで、日本人は、つきあう相手を選ぶことが難しい、メンバーの固定的な集団社会で生きてきたのである。

コミュニティへの目覚め

集団的・閉鎖的な村落共同体は、太平洋戦争後には、戦争を経験した知識人から天皇制支配体制の根源と見なされ、克服の対象に据えられた。家長《かちょう》を頂点に据え、イエを垂直的に統合するシステムは、人びとの主体性をそぎ、体制に従属する心性を育んだと批判されたのである。

村落共同体を批判するまなざしは、ＧＨＱのフィルターをとおして、内務省地方局の流れを汲む地方自治庁にも共有されていた。町内会をはじめとする閉鎖的な地域組織は改変すべきものと考えられていたのである。そのさい、閉鎖的な地域社会に取って代わるものと期待されたのが「コミュニティ」であった。

行政のコミュニティ重視の姿勢を示す象徴的な文章として、国民生活審議会調査部会コミュニティ問題小委員会が一九六九年に提示した『コミュニティ——生活の場における人間性の回復』をあげておこう。

国民生活審議会調査部会は、一九六八年一月に当時の内閣総理大臣、佐藤《さとう》栄作《えいさく》からの諮問《しもん》を受け、「国民生活の各部面における長期展望に基づく問題提起を行なう」目的で設置された。部会内のコミュニティ問題小委員会は、当時の千葉大学教授、清水《しみず》馨《けい》八郎《はちろう》を委員長として、六名の研究者により構成されている。

論文では、「自主性と責任を自覚した個人および家庭」をコミュニティの構成員ととらえ、彼・彼女らが開放的で信頼感をもって結びつく集団をコミュニティであるとしている。「自主性と責任」をもつ「個人・家庭」による「開放的」な集団という定義には、集団的な共同社会がアンチテーゼとしてとらえられていると見て間違いない。

新しい地域社会の担い手は、閉鎖的な集団に埋め込まれた「村人」ではなく、「自主性と責任を自覚した個人および家庭」であるべきと提言された。

この報告書を受け、一九七〇年代には、自治省（当時）主導で、コミュニティ研究会が設置され、モデル・コミュニティ事業などの政策が実施された。しかし、コミュニティ運動はいっとき盛り上がりを見せたものの、社会に定着することなく、一九八〇年代には沈静化していった。

地域社会が担っていた役割は、商品やサービスに代替されるようになり、地域の人びととつながる必然性は徐々に減退していったのである。

会社と家族に取り込まれた私たち

高度経済成長にともなって生じた農村社会の解体と、都市生活、会社員生活の始まりは、地域社会を大幅に改変し、地域のつながりを縮小させた。閉鎖的な村落共同体の解体により個人の解放性・開放性は高まった。しかしその一方で、日本社会に集団的体質は根強く残ってもいた。

自主的か否かは判じ得ないが、閉鎖的・共同体的つながりから解放された個人は、親族よりも小さな家族と共同体的な会社に身を寄せるようになった。一九六〇年代から七〇年代に地域社会から離脱した人びとは、新たなつながりに取り込まれたのである。

都市部に出てきた人の受け入れ口となった会社、とくに大企業は、寮、社宅、住宅ローンを完備したうえ、社員旅行、運動会などを開催し、かつての共同体のように社員につながりを提供した。集団的体質の企業は、「ジャパン・アズ・ナンバーワン」のかけ声とともに、一九八〇年代を生きる日本人の成功体験を構築していった。

閉鎖的なイエを飛び出した人たちは、一定の年齢に達すると結婚をし、核家族というつながりに包《ほう》摂《せつ》され、私的関係を充足させた。一九八〇年代に入っても、多くの人は婚姻というつながりに取り込まれ、結婚は「永久就職」と言われていたのである。

高度経済成長は、地方から都市への人口移動を促し、地域社会の構造を大きく変えた。閉鎖的な地域社会から離脱した私たちは、集団的な会社と家族というつながりに吸い寄せられていった。会社と家族につなぎ止められた私たちは、一九九〇年代あたりまで、社会を構成するメンバーがあるていど固定されたなかで生活を営んできたのである。

3　固定化されたメンバーと育むつながり

メンバーとどうつきあうかが問われる社会

では、私たちの所属する集団の構造が比較的閉じて安定しており、同じメンバーと末永くつきあわなければならないとしたら、人づきあいにおいてどういったことに気を回すだろうか。おそらく、現在のメンバーと善い関係を育むよう注意するはずだ。

長くつきあわなければならない相手と気まずい関係になると、その影響は後々にまでおよぶ。この点について、少し詳しく解説しよう。

		Bさん 協力	Bさん 裏切り
Aさん	協力	3／3	0／5
Aさん	裏切り	5／0	1／1

図2　ゲームの得点

ゲーム論という研究領域に「囚《しゅう》人《じん》のジレンマ」というゲームがある。このゲームは二人で行うもので、おたがいに協力するか相手を裏切るかを選ぶことができる。**図2**に示したように、たがいに協力すれば、それぞれ三点を得られる。

しかしながら、相手を出し抜く、つまり、相手は協力しているのに自らは裏切りを選択すれば、たがいに協力するよりも高い五点をもらえる。他方、自らが協力しているのに、相手から裏切られると一点ももらえない。たがいに裏切った場合には、双方痛み分けで一点となる。

囚人のジレンマゲームの面白さは絶妙な得点バランスにある。相手を出し抜けば一番の利得を得られるものの、たがいに裏切った場合のリスクも大きい。このゲームを使って私たちの間でどのように信頼関係が形成されるのか、といった研究がなされている。

本題に入ろう。一回しか会わない相手と囚人のジレンマゲームを行う場合には、どのような手段が最適だろうか。答えは「裏切り」である。裏切りを選択しておけば、相手よりも低い得点になることはけっしてない。相手が裏切ったとしても同点にとどまるし、相手が協力すれば高得点を得ることができる。

裏切りの利点について、旅先で無茶をする人を例に考えてみよう。現地の人と二度と会わないであろう旅行者は、旅先では好き勝手に振る舞う選択（裏切り）をとりがちである。というのも、一見《いちげん》の旅行者は、旅館経営者など現地の人の善意（協力）につけ込みやすいからだ。相手からの善意を一方的に受けて得をする「旅の恥はかき捨て」のような現象は、囚人のジレンマの典型だと言えよう。

では、相手と長くつきあう閉じた集団のなかで、各メンバーと囚人のジレンマゲームをやるときには、どういった手段がよいだろうか。答えは「協力」である。同じ相手と何度も会うケースでは、相手にも報復の機会があるし、裏切りの悪評が集団内に広まるリスクもある。そのため、所属する集団の構造が比較的閉じており、同じメンバーと末永くつきあわなければならない状況では、私たちは、メンバーと善い関係を維持するよう気を遣う。

成熟したつながりとしての友人

メンバーが固定され、時間をかけて関係性を育んでゆけるという特性は、かつての友人関係のあり方にも影響している。この点は重要なので、かつての友情論を振り返りつつまとめよう。

哲学的な友情論は、友情で結ばれた絆に人間関係の理想の姿を見出している。しかし、「真の友情」は、そう簡単には得られない。だからこそ、友人は得がたいものであり、欲するものであり、得られることが奇蹟でもあった。

同じメンバーと末永くつきあわなければならない社会で、このようなつながりを手に入れるには、身の回りにある固定的なつながりを「友情のつながり」に変えてゆかねばならない。人びとは、一緒に何かをしたり、本音で語り合ったり、ときには衝突したり、といった経験を積み重ねながら、身の回りのつながりを、強固な「友情のつながり」に変えていった。

とはいえ、「真の友情」に発展し得ないつながりもたくさんある。アリストテレスは、有用性や快楽（欲求）で結びつけられた関係も友情のひとつと見なしているものの、「真の友情」である徳にもとづく友情よりも明らかに劣位に位置づけている。

友情は長い年月をつうじて育まれるものであり、その積み重ねの結果として、奇蹟的に手に入るのが友人だった。こうしたつながりは、つきあいの積み重ねが成熟して得られる関係、すなわち、「結果としての友人」と言いうるものである。

変化の過程を重視するという点に着目すると、哲学者が展開した議論が「友人論」ではなく、「友情論」や「友愛論」である理由もわかる。

「友人」は関係の状態を表すと同時に、固有の人を指す言葉でもある。「友人のＡさんが……」といった表現は、その典型である。一方、「友情」や「友愛」は、関係の状態を表すのみで、固有の人を指し示すさいには用いられない。「友人Ａさん」という表現はあっても、「友情Ａさん」という表現は存在しないのである。この点をふまえると、哲学者の論じた友人（友情）論は、到達すべき理想の関係の状態を取り上げた作品群だと解釈できる。

高貴な男性の公的なつながりとしての友人

時間をかけて育む理想のつながりという友人の特性は、旧来的な友人概念のそのほかの特性とも関連をもつ。すなわち、身分の高い、男性の、公的なつながりという特性と関連をもつのである。

かつての哲学者が述べる友人は、親しさよりもむしろ、徳や善に重きをおいていた。したがって、親しくても相手や社会にマイナスをもたらす関係性は、「真の友情」に満たされたつながりとは見なされなかった。

友人が真の友情で結ばれた友人であるためには、おたがいの徳を高め、社会に寄与するつながりでなければならなかったのである。だからこそ、友人は理想のつながりと見なされていた。

真の友情で結ばれたつながりは、私的で親密なものというよりもむしろ、市民社会の発展に寄与するものだったのである。ゆえに、友人は公的側面が強く、また、市民社会の中心である身分の高い男性のものと考えられていた。友情の絆を市民社会の発展に結びつける考え方は、哲学的な友情論において、一八世紀あたりまで支配的であった。

モンテーニュは「女性という性が、そこまで到達した実例はひとつもない」とはっきり述べている。そうした西洋の友情論の系譜をたどってゆくと、非西洋の日本社会で、一九四七年という比較的早い時期に発表された村岡花子の『友情論』が、いかに革新的であったかがわかる。

友人・友だちという表現があふれる現代社会は、友人・友だちが大衆化し、女性にまで拡散された時代でもあったのである。このような点からも、友人のあり方の変質を読み取ることができる。

4　つながりを自足しなければならない時代

個人化した社会

　しかし、固定的な人間関係も徐々に流動化してゆく。固定的で安定した人間関係が揺らいだ社会の背景として、個人化を指摘することができる。

　個人化とは、ドイツの社会学者ウルリッヒ・ベックが、一九八六年に執筆した『危険社会』において提唱した概念である。

　経済発展に陰りが見えだすと、日本にかぎらずヨーロッパでも、家族や職業集団、市民団体などのような、人と人を結びつけてきた中間集団の揺らぎが指摘されるようになる。個人化は、人と人を結びつけてきた中間集団の結束が揺らぎ、社会のさまざまな単位が個人を中心に構成されてゆく現象を表している。ヨーロッパでは一九八〇年代、日本では一九九〇年代に個人化の傾向が強まったと言われている。

個人化には、ものの所有に関連する物質面での個人化と、個々人の内面に関連する精神面での個人化の二つがある。

前者は端的に言えば、ものの所有が共有から私有になることだ。農業や林業などの第一次産業が中心だった時代、人びとはさまざまなものを共同で使っていた。農機具や食器などの道具から、土地、河川まで、さまざまなものを共同で使い、管理していたのである。

経済成長を遂げ、物的豊かさを獲得すると、さまざまなものを個人でもてるようになる。筆記用具、電子機器などの小さい道具のみならず、個室をもっている人も多い。健康保険証や年金なども、世帯ではなく個人で管理されている。物的に豊かになった社会では、私たちは、個室に閉じこもり、それぞれの情報端末をいじり、個々バラバラに生活を営んでいるのである。

精神面の個人化は、個々人の主義や信条を尊重する思想の広がり、および、定着によりもたらされた。いくら物的に豊かになっても、個人の意識や考え方を尊重する機運が高まらなければ、社会の個人化は進まない。バラバラな生活を認める寛容さがなければ、個人化は達成されないのである。

人権思想の広がりとともに、私たちの社会は、属性などと関わりなく、自らのことを自らで決定する自由を尊重するようになった。もちろん、他者への危害を加えないという条件づけはあるものの、基本的には各人は自らの来し方や生活のスタイルを自身で選ぶことができる。今や、結婚や出産など家族のあり方や、性のあり方も自身で決定する時代である。

人間関係の省略

人びとの生活が個人化してゆくと、私たちが固有の人とつきあう必要性は、大きく減じられる。ものを共有しなくなれば、誰かとある物品を使うために交渉や調整をする必要はない。テレビが人数分あれば、チャンネル権争いは生じないのである。

家事などの生活を満たすサービスが充実してくれば、私たちは、わざわざ人に頼みごとをしなくても、さまざまな物事を実現することができる。ものやサービスが整った現代社会では、生活の必要性は、集団のなかにとどまることでなく、お金を使うことで満たすことができるのである。

私たちは、身の回りの人とコミュニケーションをとることで維持していたものを、貨幣によって代替できるシステムを整えていった。このようなシステムからあぶれた人は、誰かに頼るのではなく、行政の社会保障が支えてゆく。都市社会学者の高橋《たかはし》勇悦《ゆうえつ》は、身近な人との助け合いの必要性が薄れた生活を「人間関係の省略」と指摘している。

誰かとつきあわねばならない必要性が薄れることで、私たちはつきあう相手を選ぶ自由、つながりから退く自由を手に入れた。ここに精神面の個人化が加わり、人間関係の選択や人間関係からの撤退はいっそう容易になった。

個々人の主義・信条・決定を第一と考える社会では、誰かに何かを強制することはなかなかできない。それは人づきあいでも同様であり、交流を強制することはできないのである。今や所属先の懇親《こんしん》会への参加ですら、個人の意向にゆだねられている。

誰かに選んでもらうために

生活の必要性がつながりのなかに埋め込まれていた時代には、人びとは特定の人とつきあわざるを得なかった。生活の必要性とつながりとの関連が薄まり人間関係の自由度が増すと、特定の人とのつきあいを強制する力は弱まってゆく。今や誰かとつきあうか、つきあわないかは、あるていど選べるようになったのである。

つきあう相手を選べるようになれば、私たちは、無理して人とつきあわなくてもよくなる。しかし、この状況は必ずしも歓迎すべきことばかりではない。

つきあう相手を選べる社会は、嫌な人と無理してつきあわなくてもよい気楽さをもたらす。嫌な懇親会ならば出なければよいのだ。その一方で、つきあう相手を選べる社会は、誰からも選んでもらえないリスクも連れてきてしまう。

当然ながら、つきあう相手を選ぶ権利は、私のみならず周りの人ももっている。つまり、私たちは、つながりのなかに入るためには、周りの人から選んでもらわなければならないのだ。つながりに自動的に放り込まれない社会は、つながりを意識的に調達しなければ、つながりの輪からあぶれてしまう社会でもある。

着実に進む「一人」化

つながりからあぶれる恐怖は、一九九〇年代から二〇〇〇年代にかけて一挙に顕在化してゆく。**図3**は男女別の五〇歳時未婚率、**図4**は世帯ベースで見た単身世帯および夫婦と子どもからなる世帯の比率の推移を示している。

五〇歳時未婚率は少し前まで生涯未婚率と言われ、日本社会で結婚しない（できない）人

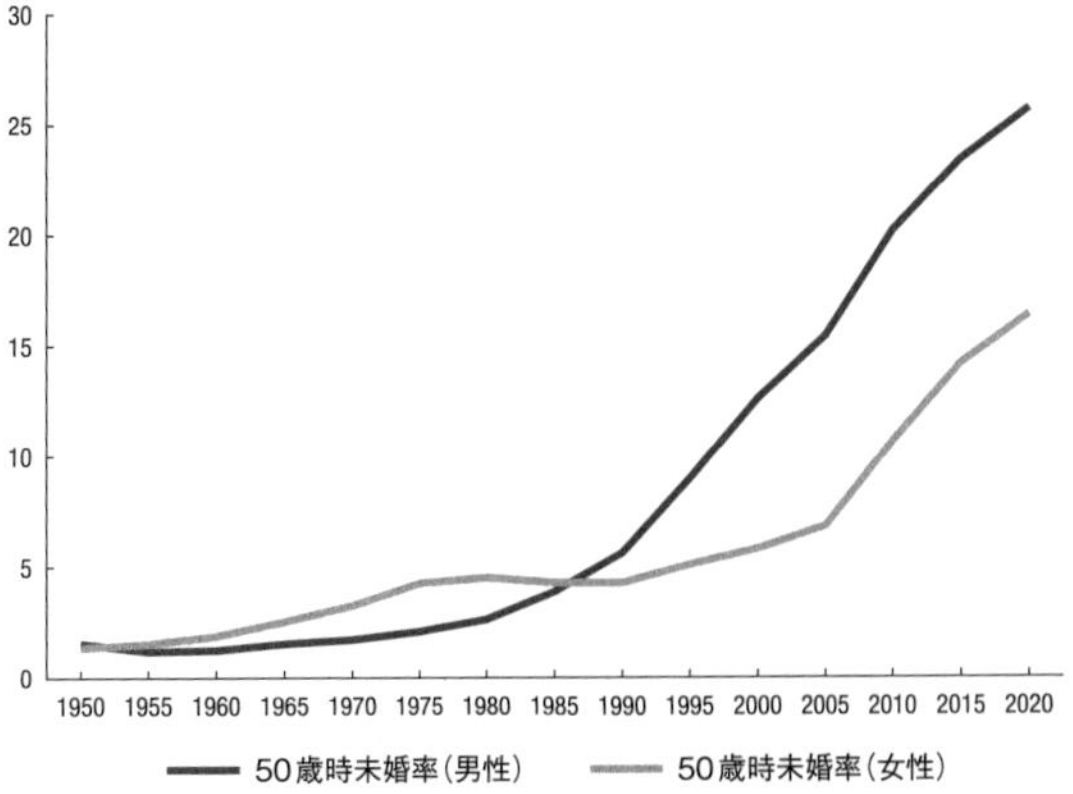

図3　男女別50歳時未婚率の推移（国勢調査より）

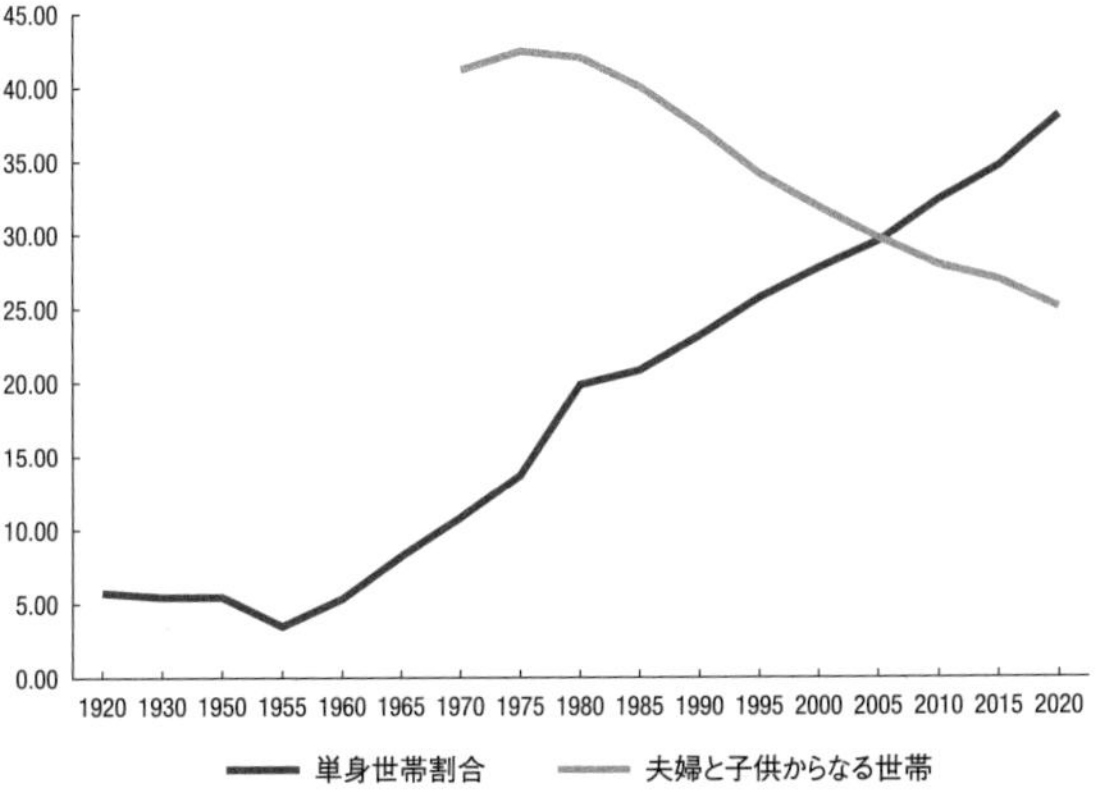

図4　単身世帯率、核家族世帯率の推移（国勢調査より）

の数を表す指標と考えられていた。**図3**を見ると、五〇歳時未婚率は、男女ともに、一九八五年までは、五％を下回っていることがわかる。一九八〇年代半ばまでは、日本は、国民のほぼすべてが結婚する「皆《かい》婚《こん》社会」に近い状態を実現していたのである。

男性については、その一九八五年を境に未婚率は急速に上昇し、二〇二〇年には、二五・七％に達する。女性はやや遅れて、二〇〇五年から急速に伸び、二〇二〇年に一六・四％にまで上がる。今や日本は、皆婚社会とはとうてい言えない。

農村社会が衰退した後、婚姻関係は、日本社会に住むほぼすべての人をつながりに包摂する役割を果たしていた。しかし、今では、結婚は誰もができるものではなくなっている。それどころか、日本社会の主流は「一人暮らし」になりつつある。

図4を見ると、かつて日本社会の「標準」と言われていた核家族世帯（夫婦と子どもからなる世帯）は、一九七五年を境に縮小し続けていることがわかる。

代わって増えているのが単身世帯である。単身世帯は一九五五年からほぼ一貫して増え続け、二〇一〇年には、世帯ベースでついに、夫婦と子どもからなる世帯の比率を超えた。世帯ベースで見ると、今や、日本社会の「標準」は一人暮らしなのである。

誰からも目を向けられない恐怖

未婚率や単身世帯率が増えてゆくことで、私たちは「つながりができないかもしれない」という恐怖感を抱くようになる。それに付随して、二〇〇〇年代には、孤独や孤立をテーマとしたメディアの報道が増えていった。

二〇〇五年九月にはＮＨＫスペシャルで『ひとり　団地の一室で』という特集が組まれ、団地の一室で誰にも看取られず亡くなる「孤独死」に焦点が当てられた。この番組は、孤独・孤立の分岐点を示すという意味でも画期的であった。

孤独や孤立の議論では、一九九〇年代まで、一人で暮らす高齢者や、災害に遭《あ》った人たちなど、固有の背景をもつ人に焦点が当てられていた。人の多く住む団地のなかでひっそり亡くなる「孤独死」に着目したＮＨＫスペシャルは、孤独や孤立が多くの人に降りかかる「問題」だと私たちに知らしめたのである。

この動きに歩調を合わせるように、政府は、二〇〇七年に「孤立死防止推進事業」を立ち上げ、孤立死の予防につとめる。しかし、その思いとは裏腹に孤立死の数は減ってゆかない。

図5は孤立死の件数を経年的に数え上げている自治体の孤立死数の推移を示している。ＵＲ都市機構は、途中から孤立死の定義に「死後一週間を経過」という条件を加えたため、棒

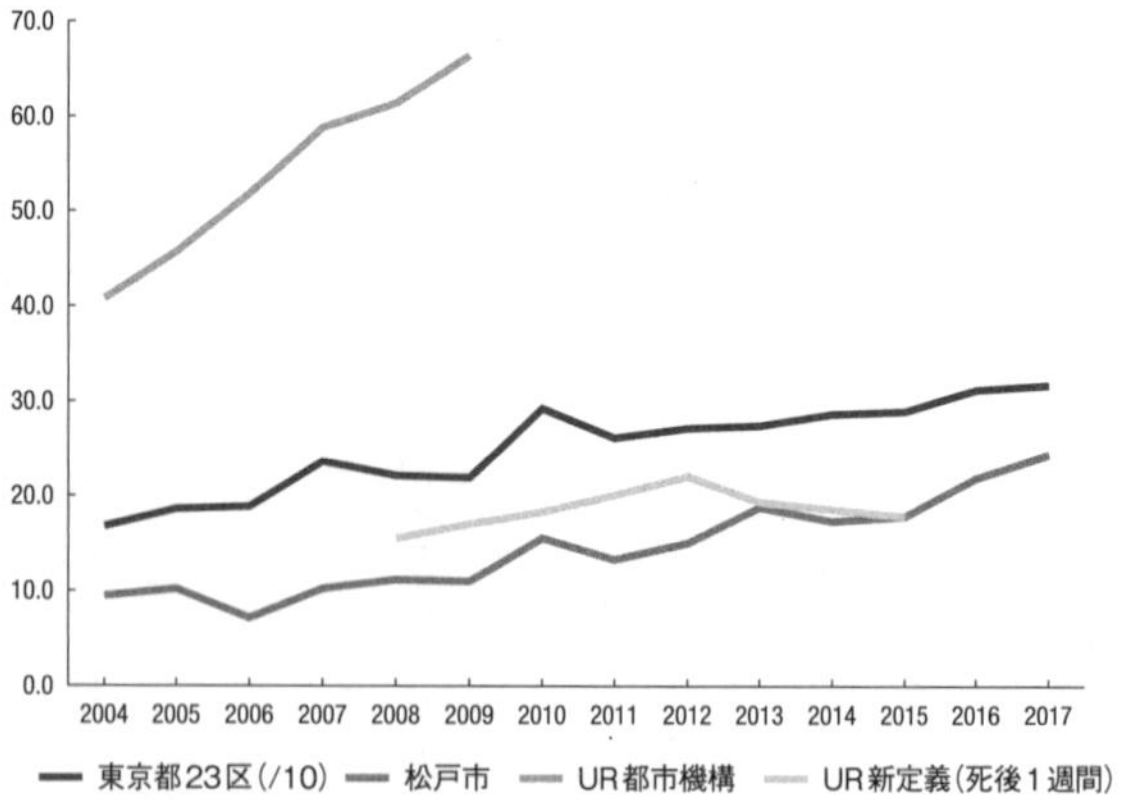

図5　孤立死件数の推移

が二本になっている。また、東京都二三区は数値が大きいため、一〇で割った値を示している。グラフを見ると、いずれにおいても孤立死の数が増えていることがわかる。

　このような事態を受け、NHKは二〇一〇年一月にNHKスペシャルで『無縁社会〝無縁死3万2千人の衝撃〟』を放送し、日本社会に孤立の影がいっそう深まってきたことを私たちに伝えた。番組タイトルの「無縁社会」という言葉は、その年の新語・流行語大賞トップテンにノミネートされるほど人びとの間に広まった。

　人びとの不安をよそに、その後も事態は好転しない。**図5**の二〇一〇年以降を見ると、孤立死の件数は変わらず増え続けている。変わらぬ現状に焦りを覚えた政府は、二〇二一年二月、内閣官房に孤独・孤立対策担当室を設置し、孤独・孤立対策についに本腰を入れるようになった。

一九九〇年代から二〇〇〇年代のデータや社会の一連の動きを見ていると、個人化の進展は、つながりを強制されない気楽さよりも、つながりを自足しなければあぶれてしまう恐怖を拡大したと言えよう。

5　つながりに感情を注ぎ込め

愛情や好意でつなぎ止める関係

このような社会において、人びとはどのようにつながりを自足してきたのだろうか。もはや、社会が強制力をもって、人びとをつながりに取り込んでくれる時代ではない。私たちが目の前の関係をつなぎ止めるためには、つながるに足る材料を用意しなければならないのだ。

人をつなぎ止める材料として私たちが用意したのが、個々人の感情である。私たちは目の前の関係をつなぎ止めるために、つながりに「愛情」や「好意」などの大量の感情を注ぎ込んでいったのである。

この点について、小津安二郎《おづやすじろう》監督の作品『長屋紳士録《ながやしんしろく》』と山崎貴《やまざきたかし》監督の作品『ＡＬＷＡＹＳ三丁目の夕日』の比較をつうじて検討してみよう。

二つの人情劇を比較する

『長屋紳士録』と『ＡＬＷＡＹＳ三丁目の夕日』は、前者が一九四七年、後者が一九五八年の東京下町を舞台としている。両映画とも、公開時は人の温かさを描いた人情劇と評価されていた。しかし、当時の東京下町の「人情」にたいする視線の注ぎ方はかなり異なっている。『長屋紳士録』は、戦後すぐに撮影され、一九四七年に公開されている。つまり、東京下町の情景を同じ時代に生きる人が撮影した作品なのである。だからこそ、作中には当時の人たちの物事のとらえ方が色濃く反映されている。

一方、『ＡＬＷＡＹＳ三丁目の夕日』は、舞台となっている場こそ一九五八年の東京下町だが、公開されたのは二〇〇五年である。当然ながら、撮影の時期に、一九五〇年代の下町は残っていない。作中では、舞台セットやコンピュータグラフィックスをつうじて、当時の町並みが再現されている。

言い換えると、『ALWAYS三丁目の夕日』は、二〇〇〇年代を生きる人たちが、一九五〇年代後半の人びとが織りなす人間関係を想像してつくった映画なのである。ゆえに、作中には、現代社会の人間関係のありよう、および思いが色濃く反映されている。

似たような時期の似たようなテーマを対象としているにもかかわらず、撮影年次に五〇年以上もの隔たりがある。この二つの映画を比べると、現代社会の人間関係が、いかに「感情」に満ちたものになっているかがわかるだろう。

似通ったあらすじ

まず、二つの映画のあらすじを簡単に紹介しよう。

『長屋紳士録』と『ALWAYS三丁目の夕日』を見比べると、設定が非常に似通っていることに気づく。いずれの作品も、独り身の主人公のところに親のいない子どもがあずけられるところから話が展開してゆく。

最初は子どもの世話を嫌がっていた主人公も、子どもにだんだんと情が移り、かわいらしく感じるようになる。しかし、その矢先に、子どもを探していた実の親が登場し、主人公と子どもの間に別れが訪れる。この場面がいずれの映画でもクライマックスになっている。

このメインの話以外に差し挟まれるサイドストーリーはかなり異なっているが、作品の中心となる設定は驚くほど似ている。

随所に住民どうしの交流が描かれていることも二つの映画に共通している。『長屋紳士録』では、長屋の住人は、おたがいの家に鍵もかけず、しょっちゅう行き来をし、何かにつけ雑談に興じる。

『ＡＬＷＡＹＳ三丁目の夕日』でも、集合住宅には住んでいないものの、近所の人たちは四六時中交流を行っている。こういった情景からは、「昔ながらの温かなつながり」を想像することができる。

設定そのものは非常に似ている二つの映画であるが、いったい何が異なるのだろうか。答えを先取りすると、人びとの交流のあり方がまったく異なっている。二つの映画で交わされる感情的な交流の濃淡は、近い時期の東京の下町を舞台にした人情劇とは思えないほどだ。『長屋紳士録』には、作中をつうじて感情を込めるシーンやスキンシップはほとんど見られない。一方、『ＡＬＷＡＹＳ三丁目の夕日』には、感情表現やスキンシップがこれでもかというほど盛り込まれている。象徴的な二つのシーンを比べてみよう。

最初の別れと家族愛への目覚め

いずれの作品でも、中盤から後半にかけて、子どもが一度、家からいなくなる場面がある。どちらの映画の主人公も、さすがに心配になり子どもを探しに行く。ところが子どもは見つからず、主人公がふさぎ込んでいると、子どもがひょっこり帰ってくる。このときの主人公の反応がじつに対照的なのである。

現代人の感覚だと、感動的な再会を果たした二人がおたがい駆け寄って涙する、といった演出を想像するのではないだろうか。ところが、『長屋紳士録』で描かれる再会のシーンはまったく異なっている。

主人公の「かあやん」は、「さっさとおいで。お前おなかすいてんだろ」と言うだけで駆け寄ろうともしない。同じように少年も、もじもじしているだけで何かを言い出すこともないし、駆け寄ることもない。

しかし、その後、主人公は食事をしている少年に「坊や、おばちゃん好きかい？　おばちゃんちの子になっちゃうかい？」と上機嫌で語りかけている。そこから、主人公にも家族愛が芽生えてきたことがうかがえる。

一方、『ALWAYS三丁目の夕日』には、目一杯の感情表現が盛り込まれている。それまで少年に曖昧な態度で接していた主人公・茶川《ちゃがわ》は、初めて少年に平手打ちを食らわせ、理由も言わず出て行ったことを叱る。少年を面と向かって叱りつけるシーンは、茶川の家族意識の芽生えとして、象徴的に描かれている。

その後、二人は涙を流し、頭をなでながら少年を抱き寄せ再会の場面は締めくくられる。まさに、今風の感動の再会と言えるだろう。

この二つの映画の再会シーンは、いずれも主人公が家族愛を抱きだす転換点として描かれている。その後、『長屋紳士録』のかあやんは、少年を動物園に連れて行き家族写真を撮り、『ALWAYS三丁目の夕日』の茶川は少年に素敵なクリスマスプレゼントを贈ってあげる。ところが、細かく見ていくと、登場人物の感情の注ぎ方は二つの映画で大きく異なっているのである。

父親の登場と二度目の別れ

感情表現の違いは、物語のクライマックスである実の親の登場、および少年との別れの場面でいっそう鮮明になる。まず、『長屋紳士録』から見てゆこう。

少年への愛着が強まってきたある日、長屋に突然男性が尋ねてくる。それを見た少年は、駆け寄ることもなく「とっちゃんだ」と淡々と発する。そこから、感動の親子の再会シーンが展開されるかというと、けっしてそんなことはない。

再会を果たした親子は、たがいに駆け寄ることも、抱き合うこともしない。もちろん、どちらも涙も見せない。それどころか親は、近寄る子どもを手で押しのけ、主人公にお詫びと御礼の挨拶をすることを優先させる。つまり、儀礼を優先しているのである。

物語の最終盤である子どもと主人公の別れのシーンでも、涙や抱擁《ほうよう》はいっさい見られない。少年が「オバチャンサヨナラ」とぶっきらぼうに述べ、別れのシーンは終わりを迎える。ここから、一九四〇年代当時、「人情劇」と言われた映画でさえも、感情表現は非常に乏しいことがわかる。

この映画を学生に見せてみると、「昔のつながりは濃密だけど感情や気遣いが薄く、今のつながりは希薄だけど、感情や気遣いが濃い」という感想が返ってきた。この言葉は、感情に満たされた今の人間関係を非常によく表している。

では、『ＡＬＷＡＹＳ三丁目の夕日』での少年と父親の再会はどのように描かれているのだろうか。

こちらも、唐突に父親が登場する。そのさい、父親は会社経営者で、少年はいわゆる妾《めかけ》の子であることが明らかにされる。そのような情報とともに、実の父親は、お金はあるが子どもへの愛情が少ないことも描写される。

一方の主人公・茶川は売れない作家（志望）であり、少年に愛情を抱いているものの、お金はもっていない。少年の将来を案じた茶川は、少年の行く末を考えて「よかったなぁ」という言葉を添えて、少年を送り出してやる。

しかし、本心で「よかった」と思っているわけではない。茶川が自室に戻り少年からの手紙を発見したときに、名残惜しい気持ちは爆発してしまう。そのまま家を飛び出した茶川は、闇雲に走り出し少年の名前を叫ぶ。

すると、数メートル先に、実の父親のもとを飛び出してきた少年が現れる。涙を流し駆け寄る少年。しかし、抱きついてくる少年を茶川はまたも突き放す。それでも少年はあきらめない。涙を流しながら何度も抱きついてくる少年の姿を見て、感極まった茶川もついに少年を抱きしめる。二人の目には涙があふれている。

いっときの別れと感動の再会を果たした二人は、また一緒に、茶川の部屋に戻ってゆく。こうして物語は終幕に向かう。

いかがだっただろうか。この二つの映画を比べると、現代社会の人間関係がいかに感情表現に満ちているかがわかる。

一九五〇年前後という非常に近い時期の東京の下町を舞台に、主人公と親のいない少年、および、彼・彼女らを取り巻く人びとが演ずる「人情劇」はこうも異なるのである。一方は儀礼的・形式的で、もう一方は感情的だ。

『ALWAYS三丁目の夕日』で描かれる人情劇には、現代を生きる私たちが人間関係に抱く願望が投影されている。つながりが先細りつつある現代社会において、私たちは、つながりに感情を注ぎ込むことで、その弱さを補っているのである。

6　形から入る友人へ

感情でつなぎ止められるつながりと友人

感情を注いで維持されるという現代社会のつながりの特徴は、友人の概念と強い親和性がある。なぜなら、友という関係を結ぶにあたっても、感情が非常に重要になるからだ。

第一節や第二節でも振り返ったように、西洋の哲学では、友情で結ばれたつながりは、地位や役割などの不純物が入るほど「真の友情」から遠のくとされた。アリストテレスは有用性や快楽（欲求）で結びつけられた関係も友情と考えていたものの、真の友情に比べて劣ったものと見なした。

友だちという間柄に金銭や地位・名誉といった欲求がからんだり、つながりを強要する要素が見え隠れしたりすると、そのようなつながりは純粋な友情から逸脱したものと見なされるのである。

ギデンズの「純粋な関係性」と友人

このような考え方から人間関係・友人関係について論じたのがイギリスの社会学者、アンソニー・ギデンズである。

ギデンズもベックと同様に、現代社会の特徴として、個人化に注目する。彼は、個々人の意思が問われる個人化した社会では、日々の活動は選択の繰り返しで成り立っていると考えている。夕食のおかずから進路まで、人びとはさまざまな選択を繰り返しつつ、日々を過ごしているのである。

　この点は人間関係にも当てはまる。人びとを関係につなぎ止める材料が乏しい社会では、人はおたがいに相手とつながりたいという気持ちを繰り返し確認しながら、関係を持続してゆく。

　このように、おたがいが相手と結びつきたいという気持ちで成り立っている関係を、ギデンズは「純粋な関係性」(pure relationship) と呼ぶ。

　純粋な関係性は「純粋」であるゆえに、利害や社会的な必要性といった接着剤を必要とせず、純粋に相手とつながりたいという欲求によって形成される。ギデンズは、個々人の選択が重視される時代において、あるていど長持ちするつながりは、純粋な関係性に近づいてゆくと指摘している。

　ギデンズの純粋な関係性の議論を見ると、ある人びとが頭に思い浮かぶ。本書の冒頭でも確認した古代の哲学者である。古代ギリシアの哲学者は、真の友は利害や社会的な必要性などではなく、相手とつながりたいという思いにより結びついていると考えていた。まさにギデンズの述べる純粋な関係性である。

　実際のところギデンズは、近代の友人関係に純粋な関係性の特徴が顕著に表れると指摘している。ギデンズは友人を「ある人が関係それ自体による見返り以外によっては促されないような関係を持っている誰か」（『モダニティと自己アイデンティティ』）と定義している。回りくどい言い方だが、要するに、相手とつながっていることによる幸福や満足によってのみ成り立つ関係ということだ。

個人化が進んだ現代社会において、人びとは放っておいてもつながりに取り込まれるほど、密な関係に取り囲まれていない。ギデンズにしたがえば、現代社会で人間関係をあるていど「長持ち」させるには、つながりに思いを注ぎ込み、友人のような関係性を結ばなければならないのである。

友人関係の皮肉な現状

ギデンズの純粋な関係性の議論は、友人関係の皮肉な現状を表している。誰かとつながることを強制する力が失われることで、私たちは自らの思いを駆使して純粋な関係を築く自由を手に入れることができた。

関係の純粋化は、しがらみに左右されない「理想のつながり」獲得の入り口だと思われた。しかし、実際に得られたのは、理想とはほど遠いつながりであった。

個人の感情は社会の規範ほど強固でも永続的でもない。相手から嫌われる可能性はあるし、相手の「好き」という想いがずっと続く保証もない。人びとを半ば強引に結びつけてきた「しがらみ」の効力が薄れるなか、私たちが意中の相手と関係を保ち続けるためには、相手と友だちになり、友だちの状態を絶えず更新し、維持してゆかねばならなくなった。「友だち」状態の更新により維持される友人関係は、固定的・安定的なつながりのなかで、さまざまな出来事を経験した結果、友人に転じる関係、すなわち、古代ギリシア的な「結果としての友人」関係とまったく異なる。

つながりを意識的に調達しなければ、つながりの輪からあぶれてしまう社会では、まず、誰かと友人または恋人になる必要がある。誰かとの永続的な関係を望むのならば、私たちは、同じクラスなどたまたま居合わせた人に「友だち」という枠を当てはめ、その枠を維持するよう行動しなければならないのである。

現代社会を生きる私たちの友人関係は、あらかじめ友人・友だちという枠を当てはめ、そこに合うように関係の中身を調整することで成り立っている。このようなつながりは、「結果としての友人」と正反対の「形から入る友人」とでも言うべきものである。

親子も友だちから

現代社会の友人関係のあり方を考えると、昨今、「〇〇友」のように、友だちや友人を意識する言葉があふれている理由も理解できる。現代社会において私たちは、友人にならなければ、誰かとの関係を維持できない。だからこそ、そこかしこのつながりに「友」という枠組みを当てはめているのである。

このようなつながりのあり方は親子関係にまでおよんでいる。日本社会が本格的に個人化したと言われる一九九〇年代後半、親子の友だち関係への接近が指摘されるようになった。いわゆる「友達親子」である。

一九九六年一月七日の朝日新聞には、『親子・夫婦「友達」に』という見出しの記事が掲載されている。記事中では、生命保険文化センターの社会調査をもとに「友達親子」「友達夫婦」が増えたと記載されている。

また、『季刊 子ども学』という雑誌の一九九七年冬号では、「友達親子が語られる背景」という特集が組まれている。このような事実にかんがみると、個人化の進んだ一九九〇年代後半あたりから「友達親子」が社会現象として注目を集めるようになったと考えられる。

この特集のなかで、家族社会学者の山《やま》田《だ》昌《まさ》弘《ひろ》が興味深い発言をしている。引用しよう。

> 生活を共にすると言っても、父は基本的には外で仕事、母は基本的に家事をする。教育は学校に加え、教室、塾などが受け持ってくれる。子どもにとって親は『お金を出してくれる存在』になりつつある。今さら、親が子どもに教えてあげられることなどないのだ。となると、親子が実質的にコミュニケーションするためには、お互い『友人』になるしかなくなってきたのだ。
>
> （山田昌弘「友達親子が語られる背景」『季刊　子ども学』一九九七年冬号）

つまり山田は、親子であっても友だちにならなければ、コミュニケーションは保てないと指摘しているのである。

以上に見てきたように、現代社会で誰かとつながるには、つながるに足る理由を自足しなければならない。このような社会では、感情的な結びつきである友人・友だち・友は、関係をつなぎ止める間柄として重宝される。ここで押さえておきたいのは、つながりの自足手段としてつくられた友人関係は、関係の理想のあり方ととらえられてきた従来の友人関係とまったく異なるという点である。

以降の章では、現代の「形から入る友人」関係がどのようなものであり、それが私たちの生活にどのような影響をおよぼしているのか、データや事例をもとに考えてゆこう。

第二章　友だちには本音を言えない

1　場の空気を読んで親しさを装う

「形から入る友人」への転換

第一章で確認したように、現代社会の友人関係は、「かつて」の友人と同様に「善きもの」と考えられていた。他方、友人関係のあり方は、「かつて」とかなり異なっていた。

ギリシア哲学の友情論に典型的に見られた「かつて」の友人は、人とのつながり方の理想を体現したものであった。理想としての友人関係は、相手とのつきあいを積み重ねていった結果、ようやく得られるものであり、それは「結果としての友人」と言いうるものであった。

社会の個人化が進むと、放っておいてもつながりに取り込まれる時代は過去のものとなる。誰かと持続的なつきあいを望むのであれば、人びとは、つながりのなかに継続に足る要素を詰め込まなければならなくなった。

つながりが不安定化するなか重宝されたのが「友人」または「友だち」という関係性である。人びとは出会った相手に「友だち」というラベルを貼り付け、「友だち」らしい行為を繰り返すことで関係の維持を図った。

「友だち」というラベルにしたがうように形成されてゆく関係は、「形から入る友人」とでも言うものである。本章では、「形から入る友人」のつながりのあり方について、さらに掘り下げて検討してゆく。

対立の回避と場の空気

「結果としての友人」と「形から入る友人」の根本的な違いは、つながりの築き方だ。前者は、「友人ではないつながり」と、対話やいさかいなどのコミュニケーションを重ね、徐々に友人になってゆく。一方、後者は、相手をあらかじめ友人と確定して、そのつながりに友人的なコミュニケーションを詰め込んでゆく。

つながりの築き方の違いは、両者の関係に、人との対立にまつわる重要な変化をもたらす。前者は対立を盛り込んでつながりを築いてゆけるのに対し、後者はなるべく対立を回避するよう行為者に仕向けさせる。この点について、もう少し詳しく説明しよう。

第一章でも指摘したように、人間関係が流動化した社会では、人びとは、誰かとつながり続ける要素を自足しなければならない。たがいにつながりからの退路が確保された状況において、人びとは、お気に入りのつながりを持続させようと、関係に大量の正の感情を注ぎ込むようになった。

誰かとつながり続けるためには、相手と親しくなり、そのつながりに愛着を抱くようケアしなければならない。正の感情で満たされたつながりは、裏返すと、負の感情を覆い隠したつながりとも言える。「形から入る友人」関係は、極力対立を回避することで成り立っているのである。

純粋な関係性について論じたギデンズも、純粋な関係性は「パートナーどうしのあいだに都合の悪いことが起これば、それは本質的に関係性それ自体を脅かす」と指摘している。いつ関係が解消されるかわからない状況下で、私たちは、誰かと友人関係を維持するために、マイナスの事態を極力回避するよう、場の空気を読まねばならなくなったのである。

友だちとケンカができない

この点を表す象徴的なエピソードがある。早稲田大学の私のゼミでは、月に一度、読書会を行っている。そのさい、選ばれた本をもとに特定のテーマについて二時間くらい話し合う。二〇二一年の読書会のある回では、友人をテーマに議論をした。

そのさい参加する学生に「今の学生はなぜケンカをしないのか」と尋ねると、以下の返事が返ってきた。

「ケンカをしてしまうと、関係を修復する機会がなさそうで怖い」

この言葉は現代社会を生きる若者の友人関係を象徴している。今どきの大学生は、ひとたびケンカをすると、そのつながりを修復できなくなると感じるほど、もろい関係性のなかを生きているのである。

読書会に参加した学生の全員が賛同していたので、けっして珍しい考えではないのだろう。対立の回避は、大学生が友人関係を続けるにあたり、優先すべき事項なのである。

対立を回避することが重要であるからこそ、友だちどうしの間では、場の「空気を読む」ことを強く求められる。「形から入る友人」関係のなかを生きる私たちは、「友だち」というつながりをつくり、その形を壊さないよう場の空気を読み、親しさを演出しているのである。

2 「従来の青年観」から「新しい青年観」へ

従来の青年観

日本社会でこのような変化が指摘されだしたのは、個人化の本格的な到来が指摘される少し前、一九八〇年代の終わりから、一九九〇年代半ばにかけてのことである。

それまで友人というのは、ときに対立しながらも、おたがいをさらけ出しながら関係を築き上げてゆく強固なつながりと考えられていた。まさに「結果としての友人」である。それが一九八〇年代の終わりから、一九九〇年代の半ばにかけて、「結果としての友人」関係に「従来の」という言葉が割り振られるようになった。

現代の友人研究で、「従来の」友人関係を説明するさいに、しばしば引用されるのは、古代ギリシア哲学の「友情論」ではなく、発達心理学者、エリク・エリクソンの研究成果である。エリクソンは、人びとの発達・成長をそれぞれのライフサイクルで出合う課題とともに整理した。

友人研究において注目されるライフステージは、一二歳から四〇歳頃に訪れる青年期および成人期である。

思春期にあたる一二歳から二〇歳くらいまでの青年期において、人びとはアイデンティティを確立する、という課題を背負う。アイデンティティを確立するには、家族的なつながりから飛び出して、外の人びととの意見に触れる必要がある。

そのさい、友人が重要な役割を果たす。友人との交流をつうじて、多様な意見や考え方に触れることで、人は強固なアイデンティティを確立できるのである。

続く成人期（二〇歳から四〇歳くらい）の課題は孤独である。成人した人は、育ってきた家族の外に親密な関係を築く必要がある。さもなくば、晩年に孤独な生活が待ち受けている。孤独のリスクを回避するために、人びとは他人と深く交流し、信頼できる友人や恋人をつくらねばならない。

アイデンティティの獲得および親密なつながりの確保にあたってエリクソンが想定したのは、おたがいが意見をぶつけることで強固になってゆく「結果としての友人」関係であった。人びとは信頼できる友人を得ることで、健全な成長を果たすのである。

新しい青年観

友人の重要性を説いたエリクソンの研究成果が報告されたのは、一九五〇年代から六〇年代である。その後、一九八〇年代の終わりから、一九九〇年代前半に入ると、日本ではエリクソン的な青年観、友人観の変化が指摘されるようになった。

代表的な著作として、栗《くり》原《はら》彬《あきら》の『やさしさの存在証明』（一九八九年）と千《せん》石《ごく》保《たもつ》の『「まじめ」の崩壊』（一九九一年）をあげておこう。

書籍のタイトル通り、栗原は若者の「やさしさ」に着目し、一九八〇年代あたりから、若者のやさしさが二極分解していると指摘する。

そのうちのひとつは、「友人という他者の身になることができ、他のアイデンティティの総体を認め、それと共存し連帯することのできる〈開かれたやさしさ〉」である。このやさしさは、おたがいが自己を開示しながら共存してゆくことで成立する。

もうひとつは、「アイデンティティの問題を回避する、友人を自分の内面には立ち入らせない、相手を傷つけない表面的な優しさ、ナルシシズム的で自己中心的な〈閉じられたやさしさ〉」である。このやさしさは、おたがいが自分の殻《から》に閉じこもり、対立を回避することで成り立つ。

両者を比較すると、前者が「従来の青年観」、後者が「新しい青年観」を表し、また、それぞれが「かつて」と「いま」の友人関係に対応することがわかる。「いま」の友人関係のやさしさは、相手を否定しないものの、おたがいには干渉しない、冷めたやさしさなのである。

千石保が指摘していることも栗原彬とほぼ同じである。千石は、人に「反抗」せず、情熱がなく、人に深入りしない若者が平成に入って増えた、と嘆いている。

「地獄」と化す友人関係

二〇〇〇年代に入ると、友人に注がれる目線はさらに厳しいものになる。二〇〇〇年代に執筆された友人言説で有名なのは、社会学者の土井《どい》隆義《たかよし》が二〇〇八年に執筆した『友だち地獄』や、同じく社会学者の菅野《かんの》仁《ひとし》が二〇〇八年に執筆した『友だち幻想』である。

土井は、著書のなかで、若者たちの間で「腹を割って話しあい、互いの人間性を高めていけるような対人関係を築く能力」が重視されなくなってきたと指摘する。つまり、かつて友人関係を築くにあたって求められた能力が、今では重視されなくなってきたということだ。代わって求められたのが「高度で繊細な気くばりを伴った人間関係」である。過剰な気遣いによって成り立つ「新しい」友人関係は、「地獄」のようなものだと土井は述べる。

菅野の着眼点も土井と似ている。菅野は、高度な気配りと同調性を求められる現代の友人関係を、「ネオ共同性」と呼んでいる。この共同性に少しでも風穴を開けるために、菅野は、「みんな仲良く」という「友だち幻想」を捨て去ることをすすめている。

これらの著作を見ても、「結果としての友人」から「形から入る友人」への転換が、友人のあり方をかなり変えてしまったことがわかる。

3 研究・データから見る「形から入る友人」

心理学研究から見た友人

友人関係の転換は、質問紙調査の分析結果を見ても明らかである。

友人の特性は、おもに心理学で研究されてきた。計量的な心理学研究では、一九九〇年代前半から友人の変化が指摘されるようになった。その代表として岡《おか》田《だ》努《つとむ》の研究をあげておこう。

岡田は、一九九二年六月と一九九三年二月に、新潟県の四年制大学の教養学部に在籍する学生に、友人関係にかんする質問紙調査を行っている。

友人にかんする特性を尋ねた質問を分析した結果、現代社会の友人関係には、「気遣い」「ふれあい回避」「群れ」といった「従来型」と異なる三つの特性が見られることが明らかになった。

ここであげられた「気遣い」とは、相手に気を遣い、たがいに傷つけないよう心がける志向、「ふれあい回避」とは、友人と深い関わりを避けておたがいの領域を侵さない志向、「群れ」とは、ノリなどの集団の表面的な面白さを追求する志向である。質問紙調査から抽出された友人の三つの特性は、一九九〇年代以降の友人論で展開されたものと一致する。

岡田はその後、一九九八年一二月から一九九九年六月にかけて、関東甲信越および中部地方の四つの大学の学部生に対しても、質問紙調査を行っている。分析の結果、大学生には、おたがいの内面を開示してゆく「従来型」の友人関係をもつ人と、相手とあまり深く関わろうとしない「現代型」の友人関係をもつ人がいることが発見された。

実際のデータの検討Ⅰ――友人の数

実際の調査結果からも、現代の人びとが取り結ぶ友人関係の特徴を確認しておこう。使用するのは、第一生命経済研究所の調査結果、および、青少年研究会の調査結果である。

第一生命経済研究所の調査は、一九九八年、二〇〇一年、二〇一一年に行われ、青少年研究会の調査は、二〇〇二年、二〇一二年に行われている。調査対象の年齢は、いずれも一六～二九歳である。どちらの調査も、日本社会の個人化の度合いが強まってきた時期に実施されている。したがって、データにも友人関係の変化が現れていると考えられる。

まず、友人関係の人数について確認する。「形から入る友人関係」では、身の回りのつながりにまず「友だち」というラベルを貼り付ける。数多くの人に「友だち」というラベルを貼りつければ、「友だち」と見なされる人は今までよりも増えてゆくと考えられる。今や挨拶をするだけの「よっ友」も友だちなのである。以上の点をふまえつつ、二つの調査の友人の人数の推移を確認しよう。

図6は、二つの調査の、各年次で回答された友人の数の平均値を示している。第一生命経済研究所の調査の「『親友』と呼べるような人」は、青少年研究会の調査の「親友（恋人を除く）」に対応している。また、「ふだん、よく会っておしゃべりをする人（職場や学校で会

第一生命経済研究所の調査		2001	2011
「親友」と呼べるような人	男性	2.92	2.73
	女性	2.73	2.54
ふだん、よく会っておしゃべりをする人（職場や学校で会って話す友人も含む）	男性	9.92	8.66
	女性	7.45	8.00

青少年研究会の調査	2002	2012
親友（恋人を除く）	3.8	4.5
仲のよい友人（親友を除く）	14.7	22.3
知り合い程度の友だち	33.4	74.5

図6　若者の友人の人数

って話す友人も含む）」は、「仲のよい友人（親友を除く）」に対応している。

それぞれの数値を比べると、第一生命経済研究所の調査においては、友人数はわずかではあるが少なくなっている。とはいえそれほど大きな違いとは言えないだろう。

一方、青少年研究会の調査では、「親友」「仲のよい友人」「知り合い程度の友だち」の平均人数はいずれも上昇し、とくに、「知り合い程度の友だち」の増加が顕著である。「知り合い程度の友だち」は、三三人から七四人と激増している。

この結果は、情報通信端末を介してつながる友人の扱いと、調査の文言の違いによりもたらされたものだ。

第一生命経済研究所の調査は、「ふだん、電子メールで連絡をとりあう人」「ふだん、電話で連絡をとりあう人」という形で、情報通信端末を介したつながりを分け、対面で会う人のみを数え上げている。一方、青少年研究会の調査は、そうした区別をしていない。

二〇〇〇年前後から二〇一〇年前後の一〇年間は、携帯電話によるインターネットへの接続機能が充実し、さらにスマートフォンが普及した時期と重なっている。そのため、情報通信端末を介した友人の扱いが結果を大きく左右したと考えられる。

調査の文言の違いによる影響は、より興味深い。第一生命経済研究所の「ふだん、よく会っておしゃべりをする人」と、青少年研究会の「知り合い程度の友だち」では、明らかに、後者のほうが親密度は低い。この点をふまえると、「知り合い程度の友だち」の激増は、挨拶をするだけの「よっ友」などを「友だち」に換算するようになったゆえに引き起こされたと考えられる。

二〇〇〇年代に入ってからの友人の人数についてまとめると、親友と呼べるような濃密な関係は三〜四人ていどで、二〇〇〇年代に入ってからも、いちじるしい縮小傾向・拡大傾向は見られなかった。

仲のよい友だちは、青少年研究会の調査だとやや増加傾向にあり、二〇一二年には二〇人を超えている。激増したのは「知り合い程度の友だち」である。「知り合い程度の友だち」は、平均値で二倍以上増え、七五人くらいにまで拡大していた。

友人関係の変質により、「友人」とラベルづけされる人は増えていった。同じ時期に普及した情報通信端末の浸透により、友人の管理は容易になった。この二つの要素が相まって、知り合いていどの「薄い」つながりは急激に増えたのである。

管理すべき友人が増えたなかで、私たちの友人関係の中身はどう変化したのだろうか。同じデータから検討しよう。

実際のデータの検討Ⅱ——友人関係の中身

図7は、「友人関係のあり方」について尋ねた二つの調査の結果をまとめたものである。それぞれの項目について「そうだ」から「そうではない」までの四件尺度で尋ねている。表には、質問に対し、「そうだ」「ややそうだ」と回答した人の比率をまとめている。

表を見ると、若者の友人関係は、「新しい」ものに移行しつつあることがわかる。いずれの調査でも、自らの主張をひかえ相手に合わせる傾向や、そもそも、友人関係から距離をおこうとする傾向が増している。

第一生命経済研究所の調査		1998	2001	2011
多少自分の意見をまげても、友人と争うのは避けたい	男性	46.5	57.6	66.2
	女性	60.5	61.6	73.3
友人との話で「適当に話を合わせている」ことが多い	男性	39.5	48.1	54.1
	女性	43.1	38.4	45.2
友人は多ければ多いほどいいと思う	男性	69.5	69.7	59.4
	女性	62.9	58.1	47.4
友人とのつきあいのために、親や家族を多少犠牲にするのはやむをえないと思う	男性	50.4	41.3	33.8
	女性	43.1	34.0	32.6
ときどき友人に嘘をついてしまう	男性	45.3	40.7	24.8
	女性	47.3	37.5	28.9

青少年研究会の調査	2002	2012
意見が合わないと納得いくまで話す	50.2	36.3
遊ぶ内容によって友達を使い分ける	65.9	70.3
友達といるより一人が落ち着く	46	71.1
友達と連絡をとっていないと不安	80.9	84.6

図7　若者の友人とのつきあい方

まず、「自らの主張をひかえ相手に合わせる傾向」について、前段（自らの主張をひかえる）と後段（相手に合わせる）に分けて検討してゆこう。

　自らの主張をひかえる傾向は、第一生命経済研究所の調査の「多少自分の意見をまげても、友人と争うのは避けたい」という質問への回答、および、青少年研究会の調査の「意見が合わないと納得いくまで話す」という質問への回答から確認することができる。

　若年世代のうち、「多少自分の意見をまげても、友人と争うのは避けたい」と考える人は大きく増えている。一方、「意見が合わないと納得いくまで話す」人は大きく減っている。ここから、今どきの若者のなかには、たがいの主張がぶつかり合うならば、その主張は取り下げようと考える人が増えていると言えよう。

相手に合わせる傾向は、「友人との話で『適当に話を合わせている』ことが多い」という質問、および、「遊ぶ内容によって友達を使い分ける」という質問への回答から確認することができる。先ほどの結果ほど顕著ではないものの、年を経て、人びとが友だちと「適当に話を合わせる」傾向や、遊ぶ内容により友だちを使い分ける傾向が強まっていることがわかる。

二〇〇〇年代以降の若者は、自らを相手に合わせる一方で、自らの状態に応じて相手を使い分ける傾向を強めているのである。そこから、内面を開示し、時にはぶつかり合いながら関係を築き上げてゆくのではなく、相手に合わせ、また、自らも相手を選びながら友人関係を維持する「今どき」の若者の姿を垣間見ることができる。

そもそも、友人と距離をおこうとする傾向も強まっている。「友人は多ければ多いほどいいと思う」「友人とのつきあいのために、親や家族を多少犠牲にするのはやむをえないと思う」「友達といるより一人が落ち着く」という質問への回答を見ると、友だちが多いといいと思う人、友だちとの付き合いで家族を犠牲にするのをよしとする人はかなり減り、友だちといるより一人でいるほうが落ち着く、という人が増えている。

その一方で、これまで確認してきたこととは矛盾した傾向も見られる。「友達と連絡をとっていないと不安」な人は二〇一二年になると約八五パーセントまで拡大し、「ときどき友人に嘘をついてしまう」人は、一九九〇年代後半に比べると激減している。

友だちといるよりも一人でいるほうが落ち着くならば、人びとは友人関係から撤退するはずだ。また、友だちとの意見の違いを避けるのであれば、人びとは自分の心に嘘をついででも、友だちに合わせるようになるはずだ。

しかし、実際の調査結果はそのようにはなっていない。若者は、友人関係から撤退したいものの連絡はとっていたい、友だちと対立しないように自らの言説を調整するものの、それが嘘にはならないよう配慮したい、といったねじれた意識を抱いているのである。

「形から入る友人」関係では、争いや対立は、つながりを強くするきっかけではなく、つながりの存続を脅かす不協和音ととらえられる。その一方で、関係の流動的な社会において、友だちがいない人は孤独でさびしい状態に陥る。結果として若者たちは、場の空気に過剰なまでに気を遣いながら、友人関係のなかに入ってゆくのである。

つながりたいけれどつながっていると疲れてしまう。そんなジレンマを抱えながら、若者は膨大に増えた友人関係を維持しているのである。

4　困ったときはお母さんに

相談できない私たち

友だちに気を遣い、なかなか本音を言えない若い人たちは、何か困ったことがあったときにはどうしているのだろうか。これについては、内閣府が七カ国に住む若者を対象に実施した『我が国と諸外国の若者の意識に関する調査』、および、ＮＨＫが全国の中学生・高校生とその親を対象に実施した『中学生・高校生の生活と意識調査』の結果から確認してゆこう。『我が国と諸外国の若者の意識に関する調査』は継続調査ではあるものの、途中で調査対象の年齢が変わっている。二〇〇八年までは一八〜二四歳を、二〇一三年以降は一三〜二九歳を対象にしている。このような留意点はあるものの、本書で使用する項目の質問文は同一なので、長期的な傾向を把握することは可能である。

まず、そもそも困ったことがあったときに、誰にも相談しない人がどのくらいいるのか確認しよう。

図8は、『我が国と諸外国の若者の意識に関する調査』の「あなたは、悩みや心配ごとがあった場合、誰に相談しますか」という質問に対し、「相談しない」と答えた人の比率を示している。これを見ると、韓国、アメリカ、イギリス、ドイツ、フランス、スウェーデンの若者に比べ、日本の若者は悩みや心配ごとがあっても「相談しない」ことがわかる。

日本人は国際的に見ると、若者のみならず、高齢者も人に頼らない傾向がある。日本、アメリカ、ドイツ、スウェーデンの四カ国に住む、六〇歳以上の高齢者の生活実態を調べた『高齢者の生活と意識に関する国際比較調査』（内閣府）では、「同居の家族以外に頼れる人」を尋ねている。

この質問に対して「頼れる人はいない」と答えた人の比率は、二〇一〇年、二〇一五年調査ともに、日本人がトップである。

日本人がなかなか人に頼れない理由も友人関係の転換から推察できる。簡単に説明しよう。

「形から入る友人」関係では、つながりの存続を志向して、関係のなかに否定的材料をなる

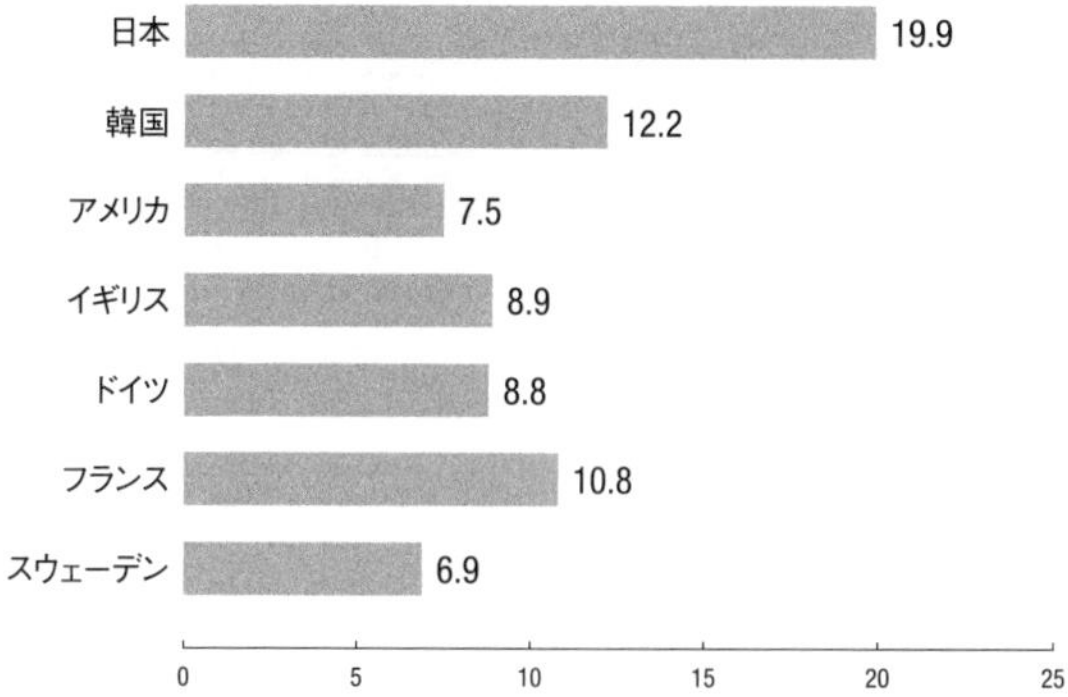

図8　悩みごと・心配ごとを相談しない人の比率

べく入れないようにする。前の節でも確認したように、人びとは友だちとの対立を回避し、場の空気を読むことに力を注いでいる。

　否定的材料への忌《き》避《ひ》感が強まるなか、友だちに頼る行為は、「友だちに損害をもたらす可能性のある迷惑な行為」と考えられがちだ。そのため、たとえ自身に困ったことがおきても、人びとはなかなか友だちに頼ろうとはしない。

　何か苦しいことがあったら、友だちの輪からそっと退き、明るく振る舞えるようになったら帰ってくる。そのような経験をしたことのある人は少なからずいるのではないだろうか。マイナスの事象が発生したら迷惑をかける前に関係から退く。これこそが、「形から入る友人」関係の流儀なのである。

純粋な関係性について論じたギデンズも、同様の見解を示している。彼は、純粋な関係においては、当事者の間に都合の悪いことが起これば関係そのものが脅かされると述べている。ゆえに、「形から入る友人」関係では、本音を抑えるばかりでなく、助け合うことすらも難しくなってしまうのである。

相談相手はお母さん

友だちに相談をしなくなった若者が、相談の窓口として活用するようになったのが「お母さん」である。

図9、**図10**は、悩みごとや心配ごとの相談相手について、お母さんと友だちを選んだ人がどのていどいるのか、年を追って示している。

図9は『我が国と諸外国の若者の意識に関する調査』の結果である。**図8**と同じ質問に対し、「近所や学校の友だち」「母」を含む一二〜一九の選択肢を提示し、複数の選択肢を選んでもよい方式で回答を得ている。図には「母」および「近所や学校の友だち」と答えた人のみの比率を示している。

図10は『中学生・高校生の生活と意識調査』の結果である。この図は「あなたが悩みごと

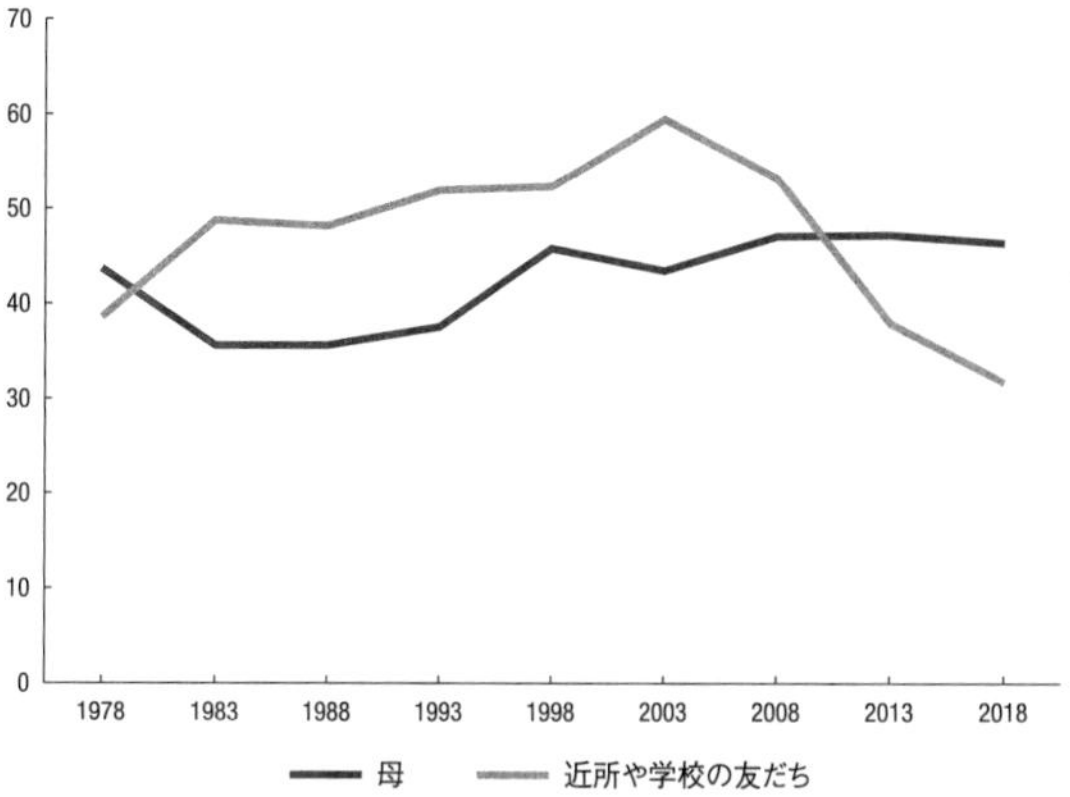

図9　悩みごと・心配ごとの相談相手1

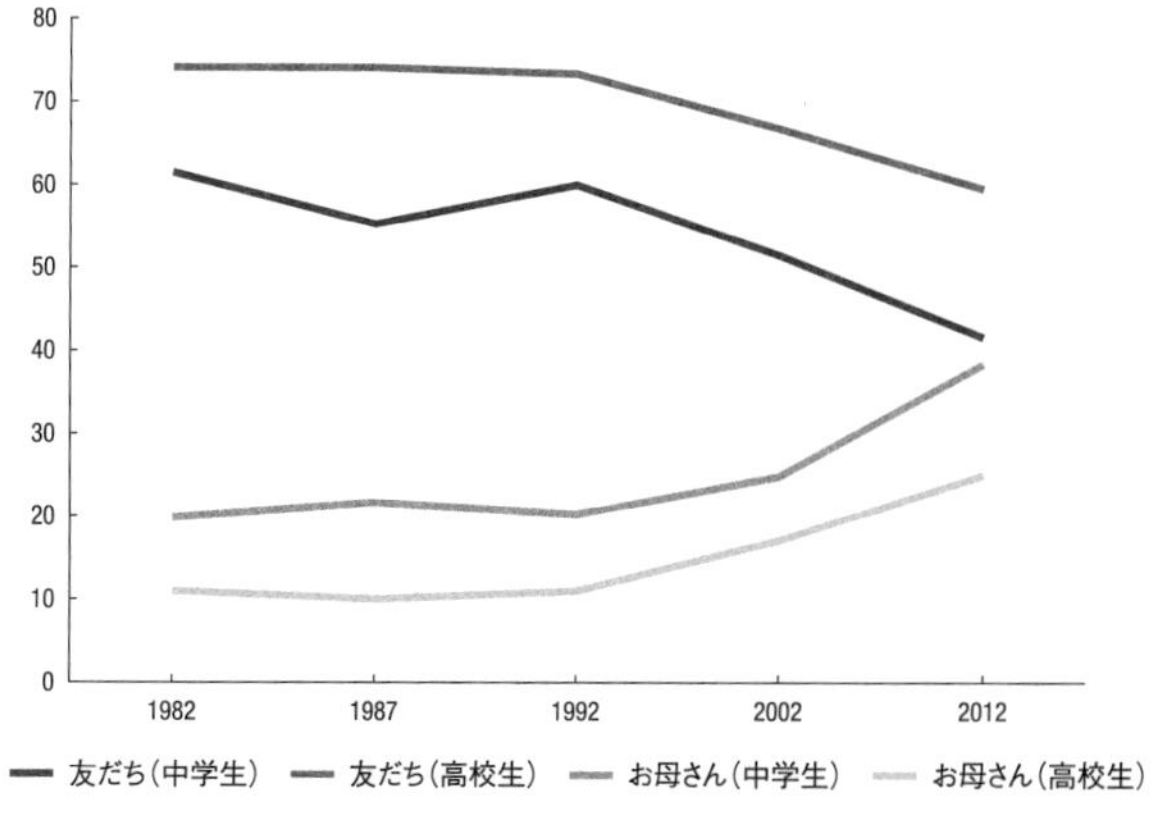

図10　悩みごと・心配ごとの相談相手2

や心配ごとを相談するとしたら、主に誰に相談しますか」という質問への回答をもとに作成している。選択肢は、「友だち」「お母さん」を含む九つであり、ひとつだけ選択肢を選ぶ方式で回答を得ている。

この図を見ると、どちらの調査でも友だちに相談する人が減り、母親に相談する人が増えていることがわかる。『我が国と諸外国の若者の意識に関する調査』では、二〇〇三年をピークに友だちに相談する人が減っている。一方、母親に相談する人は、一九七八年から八三年にかけては落ち込むものの、その後、増加傾向にある。

二〇一三年の調査では、母親と友だちの比率がついに逆転し、最新の調査では、その差がさらに広がっている。

『中学生・高校生の生活と意識調査』では、相談相手としての友だちが縮小し、母親が増えるタイミングがもう少し早く、一九九〇年代である。一九九二年を境に、中学生・高校生ともに母親に相談する人が増え、同じ時期に友だちに相談する人が減っている。最新の中学生の調査では、母親に相談する人と、友だちに相談する人は、ほぼ同数になっている。

友だちとなかなか深い話ができなくなった若者は、代替手段として、身近な「お母さん」を頼りにするようになったのである。これでは、エリクソンの指摘する発達課題はとうていクリアできまい。

現代の若者が母親を重視する傾向は、マーケティングアナリストの原《はら》田《だ》曜《よう》平《へい》も指摘している。原田は、「マイルドヤンキー」や「さとり世代」など、若者の文化を象徴する言葉の生みの親であり、若者にかんする著作も多数ある。

日頃から若者を観察している原田は、著書『Z世代』において、一九九〇年代中盤以降に生まれた「Z世代」の若者は、母子密着傾向が増していると指摘している。原田は同書で、母親の制止を理由に飲み会の約束を断る大学生を取り上げ、「腹立たしい」と憤っている。

若者が母親を優先する傾向は、同じZ世代にあたる、私の教え子を見ていても感じることだ。ゼミの学生に「相談しない若者」のデータを示しつつ、誰に相談することが多いか尋ねると、「親」と答える人が少なからずいる。なかには、「親一択！　親がいなくなったら、ほんとうに困る」という学生もいる。

外の人と対立や葛藤、助け合いを経ながら関係を育んでゆくことが難しくなった若者は、あらかじめ関係性が確立され、安定している母親を頼りにするようになったのである。

5　メディアに見られる友人関係

新聞記事の分析

質問紙調査の結果だけでなく、メディアからも友人関係の変化を検討してみよう。メディアは社会を映す鏡と言われている。実際の友人関係が変わっているのであれば、メディアで扱われる友人のあり方も変わっているはずである。

分析対象とするのは、国内大手の新聞二紙（読売新聞、朝日新聞）である。両新聞のネット版記事検索システム（朝日新聞「聞蔵Ⅱビジュアル」、読売新聞「ヨミダス歴史館」）を用いて、友人にかんする記事を検討してゆく。

具体的には、それぞれのデータベースから「友人」「親友」といった言葉が含まれる記事を「シンプル検索」で抽出し、記事数、記事内容の変化から、社会がとらえる友人・親友の変化を分析する。

分析・検討の対象としたのは、朝日新聞が一九八四年から二〇一八年まで、読売新聞が一九八六年から二〇一八年までである。起点となる年次が一九八四（一九八六）年からなのは、それ以前になると両紙のデータベースのあり方が変わり、分析に一貫性をもたせられないからだ。

本節の分析の詳細な結果は、拙著『友人の社会史』にまとめられている。詳しい内容に興味のある方はそちらを読んでいただきたい。

友人・親友という言葉の出現頻度

まず、朝日新聞、読売新聞に「親友」「友人」という言葉を含む記事（以下、親友記事、友人記事）がどのていど掲載されたのか確認してゆく。そのさい実際の記事の数ではなく、記事の出現率に着目する。その理由は以下のとおりである。

新聞の記事検索システムは、年によって検索のもととなるデータが多少変わる。たとえば、朝日新聞の記事検索システムでは、一九九七年以降、沖縄県以外の全都道府県の地域面の記事が含まれるようになった。

検索エンジンの対象領域の変更は、検索をつうじて得られる記事の総数に影響をおよぼす。当然ながら、収蔵される記事数の多い年次のほうが友人の記事は多くなる。以上の点を考慮して、本章では、記事の件数ではなく出現率に着目することにした。

図11、**図12**は、それぞれの年のデータベースに収蔵される記事一万件あたりの友人記事、親友記事の出現頻度を示している。図を見てまず気づくのは、友人、親友という言葉が新聞に登場する頻度の少なさである。

記事総数との比で見た場合、親友記事は、記事一万件のうち五〜二〇件ていどしか登場しない。比較的多い友人記事ですら、朝日新聞で一〇〇〜二五〇件くらい、読売新聞では一二〇〜一八〇件くらいである。ここから、日常私たちが新聞を読んでいて、友人、親友という言葉にふれる機会はほとんどないことがわかる。

次に、友人記事、親友記事の出現率の推移を見てゆこう。友人記事については、朝日新聞で数値の跳ね上がっている二〇一六年以降の三年間を除くと、両紙で似たような傾向を示している。いずれも、多少の上下動はあるものの、友人記事の出現率は、だいたいどの年も一五〇件くらいにおさまる。

親友記事の出現率は二つの新聞で違いが見られる。朝日新聞では、親友記事は一九八四年から一九九二年まで下落基調にあったが、その後反転し、二〇一八年まで増加傾向を示した。一方、読売新聞では、一九八七年から一九九八年までは増加する傾向にあるものの、その年

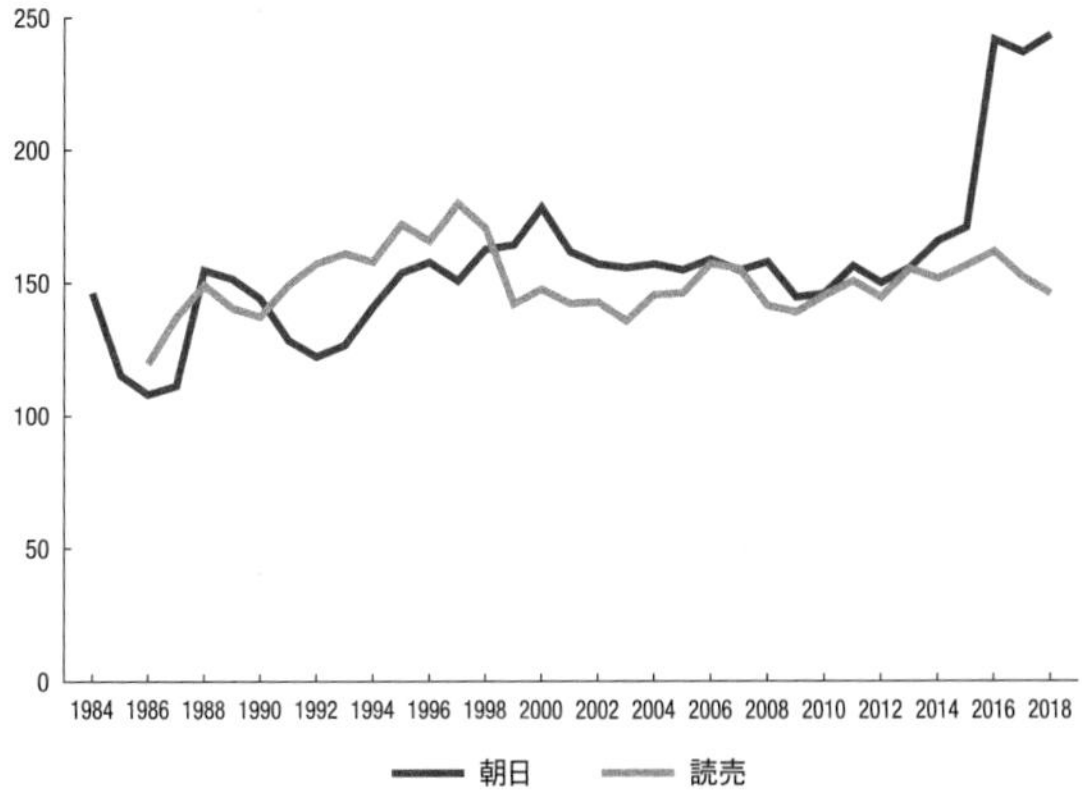

図11　朝日新聞・読売新聞における友人記事の出現率

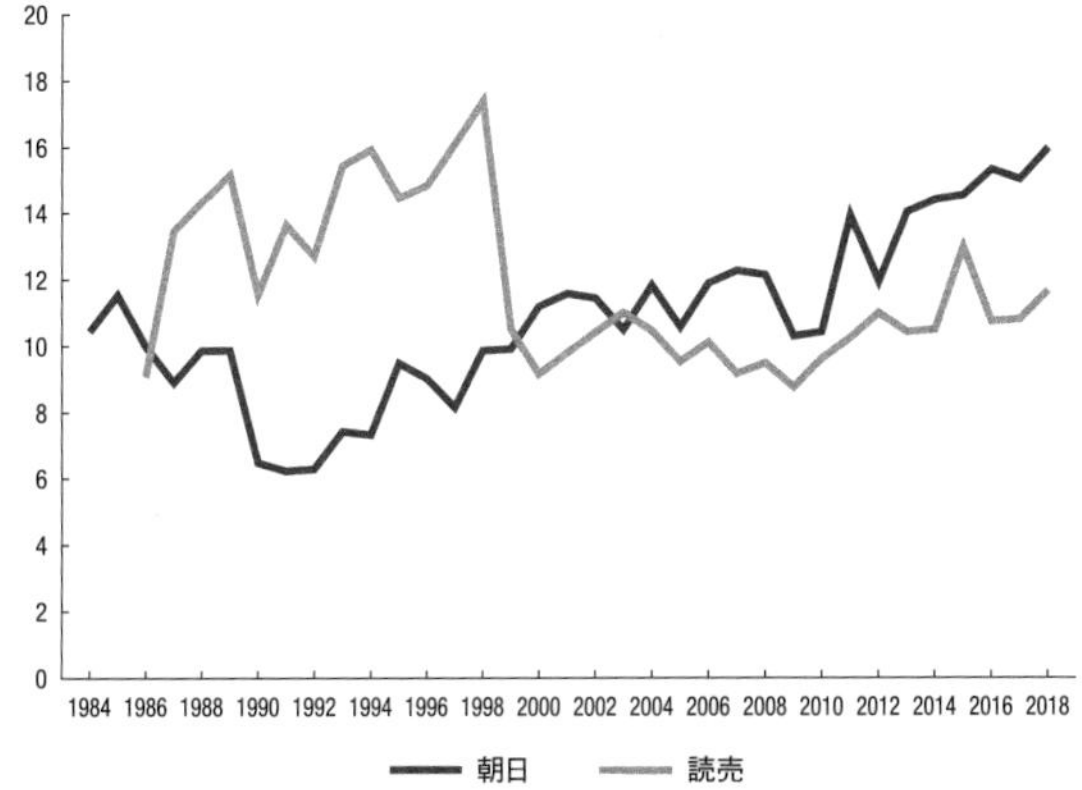

図12　朝日新聞・読売新聞における親友記事の出現率

を境に一挙に下落し、以降はあまり変わらない。

以上の結果をまとめると、友人関係が「形から入る友人」に転じ、「○○友」のような友人表現が増えたからといって、マスメディアによる注目がそこまで高まったわけではないことがわかる。出現率ベースで見ると、増えたのは朝日新聞の親友記事のみであり、増加の傾向もそれほど大きくはない。

他方で増える家族、孤独・孤立の記事

一九八〇年代から二〇一〇年代にかけて生じた人間関係の変化について、もう少し深く探るために、家族、孤独・孤立という言葉の出現頻度も見てみよう。

図13、**図14**は同じデータベースから、家族（**図13**）、および、孤独または孤立（**図14**）という言葉を含む記事の出現率を算出し、その推移を示したものである。家族、孤独・孤立という言葉を含む記事は、朝日新聞、読売新聞でいずれも似たような傾向を示している。

家族記事の出現率は、一九八〇年代半ばからほぼ右肩上がりに増えている。また、出現率そのものも、友人にまつわる記事に比べるとかなり多くなっている。

たとえば、朝日新聞の友人記事は、例外的に出現率の増えた二〇一六年以降を除くと、一

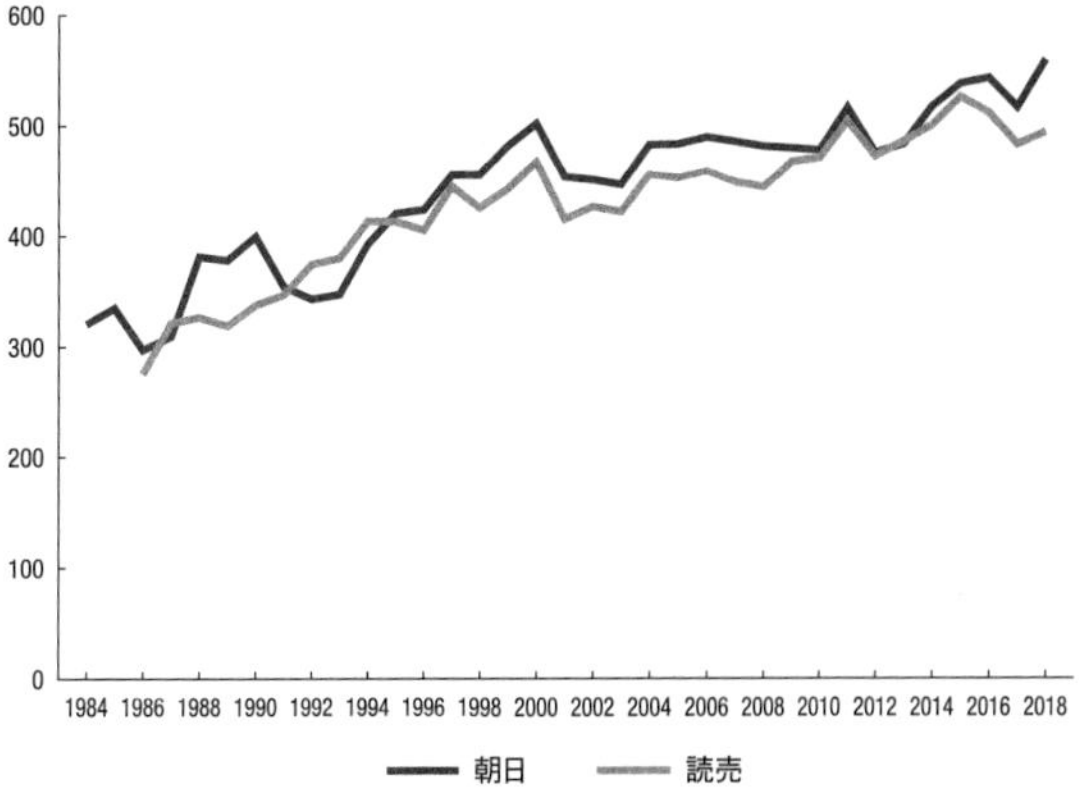

図13　家族関連記事の出現率

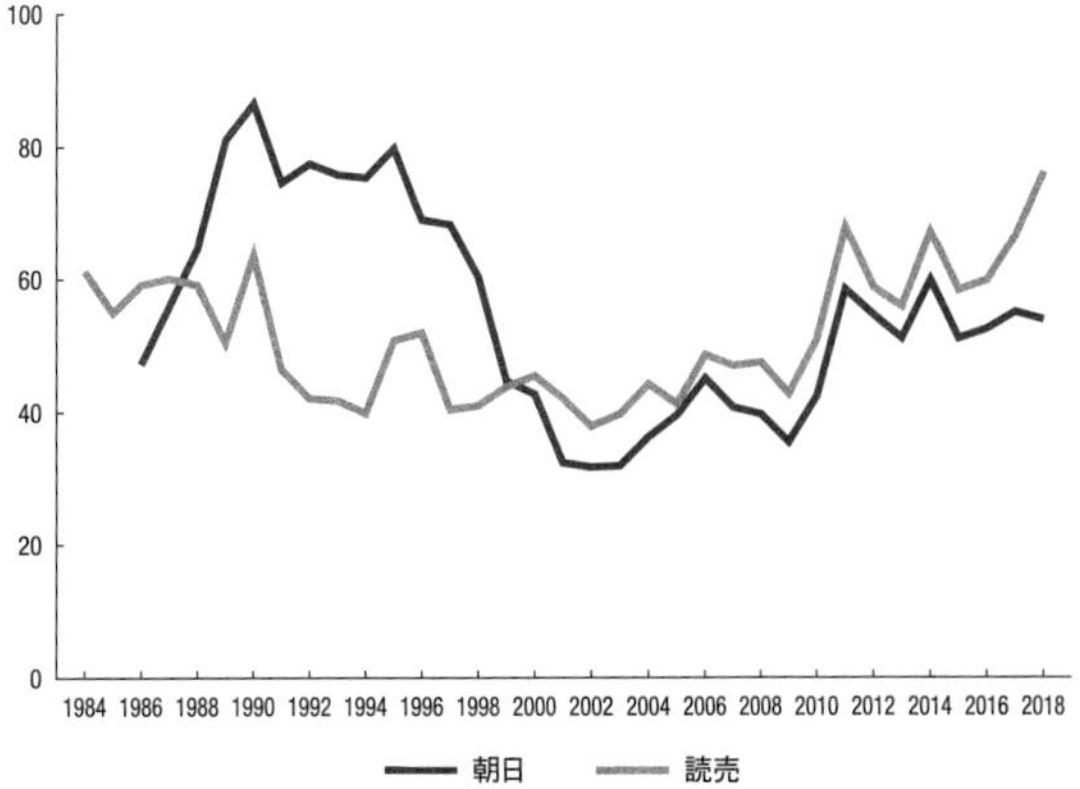

図14　孤独・孤立関連記事の出現率

万記事あたりにつき、一〇八件（一九八六年）から一七八件（二〇〇〇年）にとどまっている。読売新聞でもこの数値はほぼ同じで、最低が一一九件（一九八六年）、最高が一八〇件（一九九七年）である。

一方、家族記事は、朝日新聞が二九八件（一九八六年）から五五八件（二〇一八年）、読売新聞が二七六件（一九八六年）から五二四件（二〇一五年）と、その数がかなり大きく、また、幅も広い。しかも、最低は一九八〇年代、最高は二〇一〇年代になっており、出現率の右肩上がりを反映している。この結果から、親密なつながりの中心を占めていた家族に対する社会からの注目の高さと、その高まりの両方をうかがうことができる。

孤独・孤立という言葉を含む記事は、一九八〇年代後半から一九九〇年までのわずかな期間は、朝日新聞と読売新聞で異なるものの、その後はほぼ同じ傾向をたどっている。具体的には、一九九〇年から最低値を記録する二〇〇二年まで下落し、その後は上昇傾向をたどる。とくに、東日本大震災のあった二〇一一年を境に急増し、その後、高止まりしている。

先ほど見た友人記事・親友記事の出現頻度は、朝日新聞の親友記事および朝日新聞の二〇一六年以降の友人記事を除くと、一九九〇年代末以降は、目立った増減は見られなかった。一方、この時期、孤独・孤立記事は増え、家族記事は一九八〇年代後半から一貫して増加傾向にある。

さびしさと家族への傾斜

質問紙調査の結果からは、友だちに対してあまり本音を出せず、相談もできない若者の姿、友だちではなくお母さんに相談するようになりつつある若者の姿が確認された。一九八〇年代後半以降の新聞記事の出現率の変化は、データが示している若者の姿と重なっている。

友人記事、親友記事の出現率は一九八〇年代半ばから二〇一〇年代にかけて、明確に増加傾向を示さなかった。一方、孤独・孤立という言葉を含む記事は、二〇〇〇年代から増加傾向に転じ、つながりの「最後の砦《とりで》」と考えられていた家族の記事は、一九八〇年代半ばから二〇一〇年代まで一貫して増えていた。

新聞記事の件数が世のなかの関心を反映していると考えるならば、友人のあり方が転換した一九九〇年代以降は、友人に対する社会的関心が高まるよりもむしろ、孤独や孤立への不安が増し、家族に傾斜する傾向が鮮明になった時代と言えよう。

友情の物語を求める私たち

新聞記事の内容を詳しく分析すると、より興味深い事実を発見することができる。個人化が指摘される一九九〇年代後半から、記事内容に第一章で指摘したような感情表現に満ちた「友情の物語」が増えているのだ。詳しい内容に興味がある人は前掲『友人の社会史』を読んでいただくとして、以下、要点を簡単にまとめよう。

分析対象を「親友」という言葉を含む記事に絞って詳細に検討すると、一九九〇年代後半から二〇一〇年代後半にかけて、記事の内容に変化が見られることがわかる。フィクションやスポーツにかんする記事が増えているのだ。この二つの記事は、いずれも「友情」が強調されやすい点で共通する。

フィクションにかんする記事の多くは、一緒に冒険をする仲間など、架空の人物どうしが織りなす友情の物語に焦点を当てている。また、スポーツ報道の大半は、高校野球やオリンピックの記事であり、そこでは、同じチームの仲間やライバルどうしの友情の物語が描かれている。

これらの記事では、関係性のなかから、批判、愚痴、ねたみ、利己性、あきらめ、放棄などの暗い部分が抽出・除菌され、たがいに切《せっ》磋《さ》琢《たく》磨《ま》し高め合う「無菌化された友情」の物語が展開されている。まさにギリシア哲学的な「真の友情」が展開されているのである。新聞記事の分析結果は、「形から入る友人」関係のなかで生きる人びとの皮肉な現状を映し出している。

個人化が進み、人間関係が流動化した社会では、つながりを自足しなければ社会から放りだされてしまう。このような事態を回避するため、私たちは手にしたつながりに「友だち」というラベルを貼り付け、つながりの存続・維持に腐心《ふしん》するようになった。

相手と友人であることから始まり、友人らしさを詰め込んでゆくことで成り立つ関係は「形から入る友人」とでも言うものである。このような関係は、つながりの理想型と見なされた「かつて」の友人関係と似て非なるものだ。

人間関係の流動的な社会を生きる私たちは、つながりの保持を志向して、「形から入る友人」をつくろうとする。「形から入る友人」はたがいに気を遣うことで成り立つため、このようなつながりに没入するほど、「真の友情」は遠のいてゆく。

到達し得ない理想のつながりの代替物として、私たちは「無菌化された友情」の物語を、メディアをつうじて消費する。新聞における「無菌化された友情」の物語の拡大は、私たちが現代社会の友人関係に対してもつ不満とあこがれを逆説的な形で表しているのである。

6　落ち着かない友人関係、母親と物語への傾斜

友人関係の悪循環

ここまで、私たちの友人とのつきあい方が「結果としての友人」から「形から入る友人」に変わったことによる影響を、文献、研究、データ、新聞記事をつうじて確認してきた。これまで得られた知見を**図15**にまとめ、いったん整理しよう。

図に示したように、私たちの友人関係は、「悪循環」とでも言えるような状況に陥っている。人とつながることを社会から強く要請される時代は過ぎ去り、誰かとつながりたい人は、つながりを自足しなければならなくなった。

つながりの自足を強いられるなか、多くの人は図の左上のように、友だちと接することを望んでいる。若者への調査でも八割以上の人が「友達と連絡を取っていないと不安」と感じていた。「一人がよい」と強く願う人はあまりいないのである。

しかし、誰かとのつながりを継続する材料が乏しいなかで、相手とつながり続けるのは容

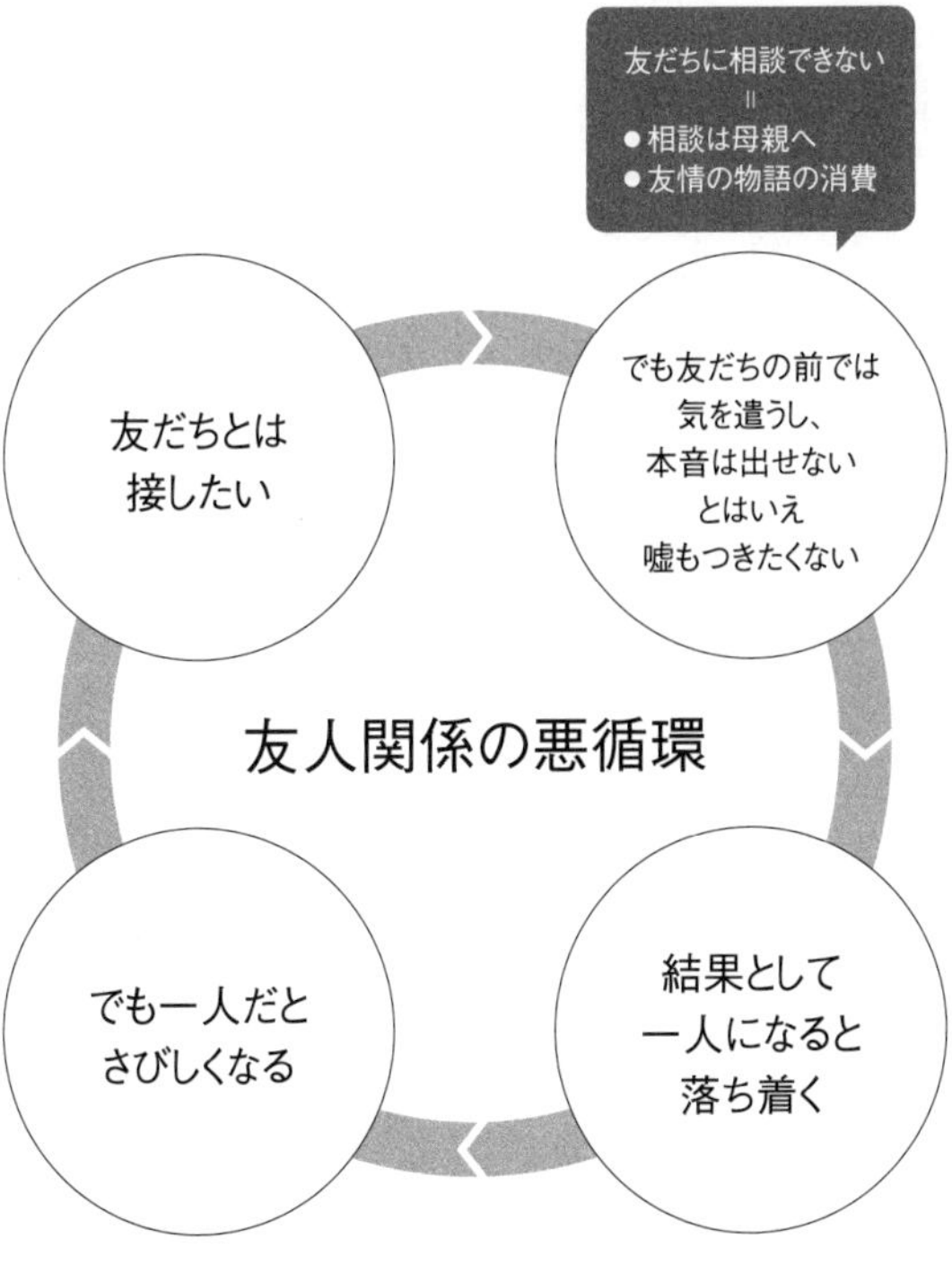

図15　友人にまつわる私たちの状況

易ではない。人びとは目の前の関係を失わないよう、あらかじめつながりに「友だち」というラベルを貼り付け、それに見合ったプラスの内容を埋め込んでゆく。

つながりにプラスの内容を埋め込むことで成り立つ友人関係では、おたがい場の空気を乱さないよう気を遣い、本音をなかなかさらけ出そうとしない（図15右上）。本音を言うことは関係を危機にさらすリスク要因なのである。その一方で、人びとは友だちだからこそ嘘はつきたくないという想いも抱えている。

今を生きる人びとは友だちというつながりを維持するために、非常に高度なコミュニケーション技術を駆使している。結果として、人びとは友だちの前にいるときほど疲れ、一人になると落ち着くという逆説的な状況に陥ってゆく（図15右下）。

とはいえ、ずっと一人でいるのは寂しいので（図15左下）、人びとは時間が経つと友だちとのつながりを求めるようになる。かくして図の左上の状況に戻ってゆき、友人関係の悪循環が完成するのである。

頼りにされる母親と友情の物語

胸に抱かれたもどかしい思いは、母親にぶつけるか、あるいは、友情の物語を消費することによって解消される。一九九〇年代半ばから後半にかけて若者の相談先は、友だちから母親に移っていった。また、新聞記事では、家族を扱うものが一九八〇年代半ばから一貫して増えていた。

　新聞記事の内容については、さらに、興味深い傾向が見られた。親友という言葉を含む記事の内容を詳細に検討すると、古代ギリシアの哲学者が議論した「真の友情」を想起させる物語が増えているのである。

　つながりにプラスの要素を詰め込むことで成り立つ「形から入る友人」関係では、友だちづきあいで不満を解消するのは難しい。不満のやり場に困った私たちは、母親を頼りにすることで悩みを解消し、友情の物語を消費することで癒しを得ているのである。

　しかし、物語を消費しているだけでは、事態はなかなか変わるまい。私たちは、そろそろ、自らをしばりつけてきた「友だちをつくるべき」「友だちがいないとさびしい」という感覚から自由になってもよい。

　外に目を向けると、誰かと「友だち」にならなくても、人とつながる機会はいたるところにあふれている。そもそも、「かつて」であっても「友だち」がいた人はそれほど多くなかった。

「友だち」がいなくても、けっしてさびしくはない。誰かと「友だち」になることを求められる社会では、そのように基本的な事実すら忘れられてしまうのである。

第三章　会えなくてもつながる友だち

1　目の前にいない人と連絡をとる

当たり前ではなかった目の前にいない人との交流

友人関係が「形から入る」ものに転じたころ、人間関係にはもうひとつの大きな変化が生じていた。私たちの人間関係は、一九九〇年代後半以降、目の前にいない人とのやり取りが顕著に増えたのである。

一九九〇年代半ば以降と言えば、携帯電話が爆発的に普及した時期と重なっている。人口の大半が情報通信端末を所持することで、目の前にいない人との交信は、日常の風景となった。今や、電波を介した交信を一日の間で一度もしない、という人のほうが珍しいだろう。あまりに深く日常に溶け込んでしまったゆえに気づかないかもしれないが、よくよく考えると、目の前にいない人とやり取りをするのは、そう簡単ではない。歴史的に見れば、多くの人が距離を隔てた相手と四六時中つながっている状況のほうが、特異である。

私たち人類は歴史の大半において、目の前にいる人と対話・交流をしながら、さまざまな文化や社会のルールを生み出してきたのである。

第三章では、通信の歴史を振り返りつつ、私たちのつながり方の変化から、現代社会の友人のありようについて検討してゆこう。通信の歴史を振り返ることで、目の前にいない人とやり取りをすることが「当たり前」になった私たちの社会が、いかに「特異」であるか、理解できるだろう。

目の前にいない人と交流する条件

かりに、音声や映像、文字を、電波を介して伝えられないとしたら、遠くにいる人に自らの意思や主張を伝えるには、どのような手段が考えられるだろうか。真っ先に思い浮かぶのが手紙である。手紙を出せば、時間はかかるとはいえ、遠くの人にメッセージを伝えることができる。

しかし、手紙のやり取りを日常的にできるようにするには、思ったよりもたくさんのハードルを越えなければならない。まず、私たちの多くが文字の読み書きをできるようになる必要がある。紙に文字を記して、遠隔地に配送するという手紙の特性上、おたがいの手紙のやり取りに文字の読み書きは必須である。

今、「紙に文字を記して」と簡単に書いてしまったが、文字を書き記す媒体の準備も、そう簡単ではない。手紙のやり取りを日常的に行うには、文字が発明され、その文字を多くの人が使えるようになるだけでなく、文字を書き記す媒体が発明され、多くの人が使えるほどに供給されなければならない。

必要なのは文字や紙だけではない。誰かに手紙を届けるには、相手の住所がわからねばならない。郵送にあたっては道路や交通手段などの輸送システムの整備も求められよう。少し検討しただけでも、手紙を相手のもとに正確に届けるためには、膨大な手間がかかることがわかる。

それゆえ、目の前にいない人との交流は、原初的には、音（大声、笛など）や煙、光、水などを用いて行われていた。戦争中の狼煙《のろし》は目印として重宝されていたし、狩りのときに大声で合図するということもあっただろう。

音や煙はすぐに使えるという点で便利ではあるものの、伝えられる情報や伝達の範囲はかなり限定されてしまう。音の届く範囲はかぎられているし、煙は遠くから見えたとしても、あまり多くの情報を煙のなかに込めることはできない。

目の前にいない人に、さまざまなメッセージを送るには、身体から独立したテキスト、すなわち文字と、それを書き記して運ぶことのできる媒体の発明が必須だったのである。

文字の誕生と手紙のやり取り

図形的な表現も含めた文字の痕跡が初めて見られたのは、諸説あるものの、だいたい紀元前一〇万年くらいだと言われている。記憶の補助として、石や骨に刻まれた印が文字の原型である。

私たちの知っているいわゆる「文字」を使い出したのは、現在のイラクに位置するメソポタミアのシュメール人というのが定説である。だいたい紀元前四〇〇〇年、今から六〇〇〇年くらい前のことである。

初期の文字の利用方法は、家畜の数や会計帳簿の記載など記憶の補助が中心であり、交流のためには用いられなかった。文字が生まれたからといって、すぐに遠くにいる人との交流が始まったわけではない。

遠隔地の人との交流の証である手紙のやり取りは、紀元前二四〇〇年前から行われていた。現在知られている最古の手紙は、シュメールの都市国家ラガシュの行政官によるものである。当時、手紙は都市と外部世界との交信手段として利用されていた。

そのころの手紙は粘土板に書かれたものだったので、厳密に言えば手「紙」ではない。文字の利用からさかのぼると、文字の原型が確認されてから九万五〇〇〇年以上、シュメール人の文字が確認されてから一六〇〇年もの時が過ぎて、ようやく手紙が出されている。目の前にいない人にメッセージを伝えるのが、いかに難しかったかがわかる。

紀元前二〇〇〇年くらいになると、国どうしの緊張感が高まり、情報収集や外交の重要性が高まっていった。それに付随して手紙の重要性も増してゆく。手紙の重要性が高まることで、手紙を届ける環境も整備されていった。

古代エジプトの中王国では、巨大な中央組織と地方官吏体制が築かれ、飛脚網の整備が進んでゆく。飛脚網が整備されることで、手紙のやり取りは、かなりスムーズに行われるようになった。飛脚がもたらす情報は国を守る切り札だったのである。

紀元前の時代において、手紙を利用した（できた）のは、地域の支配者や外交官であり、一般人による手紙の利用はほとんどなかった。そもそも、文字を書ける人も読める人もほとんどいないというのが実情である。だからこそ、文字を操れる人は貴重であり、高い位についていた。

私たちの祖先であるホモ・サピエンスがアフリカに登場したのが、今から約二〇万年前。

そこから文字ができ、手紙のやり取りをするまでには、これまで見てきたように途方もない時間がかかっているのである。

裏返すと、私たち人類の歴史は目の前にいる人との交流を積み重ねることで、つくり上げられたと言ってもよい。この点をふまえると、目の前にいない人と交流することが常態化した現代社会が、いかに特殊かということがよくわかる。

2　手紙の時代

手紙の登場とシステムの整備

先述のように、手紙が登場したのは紀元前二四〇〇年くらいである。そのころになると、国どうしの争いが激しくなり、外交の重要性が拡大した。外交の重要性が増すなか、人びとの記憶に頼るだけの交信では、いかにも情報量が不足していた。不足した情報を補うため、手紙の役割は重くなっていった。

紀元前六世紀半ばには、古代ペルシアの国王キュロス二世が、国内に駅制を敷いた。今の鉄道の駅の原型である。この制度は、大勢の使者が馬を使い、リレー方式で決められた道をとおって信書を運ぶ、世界初の「通信システム」であった。

駅制はさらに整備され、二代のちのダレイオス一世は道を敷き、駅亭を建て、宿場を形成した。遠隔地の都市を結び、荷物や情報を運ぶシステムは、やがてオリエントの国々に引き継がれてゆく。

テキストの書かれた媒体を運ぶ通信システムは、軍事上の必要性から紙よりもかなり早く広まっていった。中国では秦の時代に、幹線道路の整備、車幅や文字の統一が行われ、漢の時代の紀元前二〇二年には、駅制である郵駅《ゆうえき》が設置されていた。古代ローマ帝国でも大規模な道路や宿駅《しゅくえき》の整備が行われている。

とはいえ、このようなシステムを利用できるのは、国の支配者など、地位の高い人にかぎられていた。したがって、多くの人は手紙とは縁遠い生活を送っていたのである。字を読み書きできる相対的に聡明な知識人でも、書簡を移送するには、旅人に託すしかなかったのが実情であった。

時間とお金のかかる目の前にいない人との交信

街道などのシステムが整えられたとはいえ、手紙の送信には莫大な手間とコストがかかった。星《ほし》名《な》定《さだ》雄《お》『情報と通信の文化史』には、一六〇〇年代のヨーロッパでの手紙の送信日数がまとめられている。

これによると、一六三一年から四五年にかけて、オランダのハーグから発信された郵便がフランスのパリに届くまで、一二日から二五日もかかっていることがわかる。一六四三年から四七年のパリ・ローマ便でも二四日から四一日もの日数を要している。

ちなみに、日数に幅があるのは、季節によって到達の時間が異なっているからだ。天候の厳しい時期の郵送は時間がかかったのである。

飛脚のサービスを利用できない地域も少なくはなかった。同書によれば、当時のフランスの全人口のうち、八二％の人びとはサービスを利用できなかったそうである。料金もけっして安くはなく、多くの人にとって手紙のやり取りは、縁遠いものであった。

多くの人びとが手紙のやり取りをできるようになるには、近代的な郵便制度の成立を待たねばならない。近代的な郵便制度の成立はフランスでは一八四九年、日本では一八七一年と、長い歴史を考慮すれば、もはや「最近」の出来事である。しかも、近代的な郵便制度が成立しても、郵便網が全国を網羅するにはさらに多くの時間を要した。

加えて言えば、近代的な郵便制度が成立したころ、私たちは早くも、電気でメッセージを伝える技法を手に入れてしまう。長い年月を経て、私たちはついに、目の前にいない人と即時的に交信する手段を入手するのである。

手紙に託された想い

郵便以降について語る前に、電気をつうじたコミュニケーションに関わる以前の人たちが、外交などの業務文書以外の手紙に、どのような想いを託してきたのか確認しておこう。以下の記述は、古来ヨーロッパで実際にやり取りされてきた日常的な書簡の内容や役割をまとめた、高《たか》橋《はし》安《やす》光《みつ》『手紙の時代』を参考にしている。

四世紀ローマの政治家シンマクスは、「友情の第一の表現は訪問であり、第二の表現が手紙であった」と述べている。ここから、はるか昔においても、友情の表現として手紙が用いられていたことがわかる。

とはいえ、日々の友情をつづった書簡はあまり残されておらず、近世のものであっても入手困難であった。また、一七世紀末より前の手紙は、「名宛人のために書くと同時に後世のために書いていた」という性質をもっていた。ゆえに、書簡に記された友情は、多くの人が目にする読みものとしての側面もあった。

　高橋は近代フランスの書簡の用例として、報知、慰問《いもん》、告白、議論の四つをあげている。このうち友情と深い関わりをもつのは、不幸の慰めである慰問と、想いを告げる告白である。手紙は友人に想いを告げたり、困った友を慰めるはたらきをもったのである。

　議論も友情を深めるには欠かせないものではあったが、「ちょっと批判しただけで、そのまま絶交というケース」もあり、簡単ではなかったようだ。高橋は、手紙での議論は「やりそこなえば、とりかえしのつかない事故になる」と述べている。

　一八世紀に入ると、フランスでは、週に一回文通をするような人たちも出てくる。しかし、郵便配達には遅配や紛失がつきものだったため、メッセージがきちんと届いたのか、いつメッセージが届くのか気が気でない人もいたようだ。

　毎日決まった時間に来る郵便配達を心待ちにしたり、受信の報《しら》せをもどかしい想いで待ちわびたり。そこからは、ＬＩＮＥの返信にやきもきしている現代人と変わらない姿を見出すことができる。手紙の時代でも現代社会でも、目の前にいない人との交信に、不確実性はつきものだったのである。

3　声は電気に乗って

空間を超えた信号

声が空間を超えるよりもひと足先に空間を超えたのは信号である。人びとは電気信号をメッセージに変換することで、遠くにいる人と交信できるようになった。

有名なのが短点「・」（トン）と長点「ー」（ツー）と区切り（空白）を組み合わせて文章の送信を可能にした、サミュエル・モールスの信号である。ときに一八四四年五月のことである。

即時的にメッセージをやり取りできるモールスの信号の影響は絶大であり、発明一年後にはワシントンDCとボルチモア間でサービスが開始された。日本でも一八六九年に東京・横浜間でサービスが開始されている。近代的な郵便制度の成立よりも少し前のことである。

モールスの信号は、よく使う文字を簡単な信号にしたため、多くの人に受け入れられていった。しかし、信号による通信は商品取引や株式売買、外交などに利用されるのみで、親しい人とのおしゃべりの目的で使われることはなかった。

即時的にやり取りできるとはいえ、信号の情報の解読には手間がかかるし、多くのメッセージを送るにはかなりの額のお金がかかった。そのため、電信の利用目的の中心は、ビジネスにとどまっていた。

即時的コミュニケーションの始まり

電信のサービスが始まってから程なくして、電話サービスも開始される。情報通信史の研究者である星名定雄をして、「時間と空間を克服した究極の通信方法」と言わしめた電話の実演は、かの有名な電話の発明者、アレクサンダー・グラハム・ベルにより一八七六年三月に行われた。

その後、アメリカには、一八七七年にベル電話会社が設立される。日本での電話サービスは、アメリカから遅れることわずか一三年、一八九〇年に東京・横浜間で開始される。いよいよ、目の前にいない人と即座にコミュニケーションをとれる時代がやってきたのである。

とはいえ、電話が日常のおしゃべりの道具として使われるようになるまでには、かなりの時間を要した。その理由として、端末料や通話料が高額だったこと、サービスの質が悪かったこともあげられるが、それ以上に大きかったのは、そもそも、私たちが空間を超えて声を運ぶ道具の使い方をわからなかったことだ。

人類史において、目の前にいない人の声を聞く体験は初めてだったのだから、それも仕方あるまい。電話サービスが始まった当初は、電話機のなかに用件を伝えるメモ用紙を入れて機械を壊してしまった人や、電話機が病気のウイルスを運ぶと思っていた人もいたそうだ。また、電話で演奏会の実況をしたり、スポーツ中継を伝えたりと、ラジオのような使い方もされていた。

おしゃべりの発見

電話のサービスの質および料金が改善されると、電話は徐々に普及してゆく。普及の早かったアメリカでは、一九二〇年には全世帯の三五%が加入している。その過程で電話の利用方法も変わっていった。社交目的の利用が増えたのである。

事業者も「『電話して、誰かに触れよう』キャンペーン」(クロード・フィッシャー『電話するアメリカ』)などを打つようになり、社交目的の利用を意識するようになった。アメリカでは、一九七〇年代には九〇%の家庭に電話が普及している。

民間事業者が普及を促したアメリカに比べると、その他の国の電話の普及は緩やかであった。たとえば、日本で固定電話の世帯あたりの普及台数が五〇%を超えたのは、一九七四年のことである（『昭和五〇年度通信白書』）。

　普及が過半数を超えた一九七〇年代あたりから、日本でも電話がおしゃべりの道具として日常化してゆく。電話の日常化につれて、電話の置き場所も玄関からリビングなどの家の中心に移動した。一九八六年末になると、普及率は八〇%を超え、多くの世帯が空間を超える即時的なコミュニケーションを楽しめるようになった。

　一九八七年にはコードレス電話が売られるようになり、私たちはついに、自らの部屋で目の前にいない人と私的な話をする自由を手にした。電話の発明からすでに、一〇〇年以上の歳月が過ぎてのことである。

　自由度が増したとはいえ、コードレス電話を含む固定電話は、通話の範囲が端末の備え付けられた場所にかぎられていた。そのため、ひとたび外に出てしまった人とは、なかなか連絡をとれなかった。

　今から三五年くらい前までは、空間を超えるコミュニケーションは、まだまだ部分的なものにとどまっていたのである。このルールを劇的に変えてしまったのが、携帯電話およびスマートフォンである。

4　メッセージは空間を超えて

携帯電話の登場

コードレス電話が世に普及しだしたころに、携帯電話もひっそりと登場している。一九八五年には、携帯電話の前身であるショルダーホンが発売され、二年後の一九八七年には、持ち運び可能な携帯電話が登場した。当時の「携帯」電話はまだまだ重く、とても携帯できる代物ではなかった。

そもそも携帯電話の利用には、かなりのお金を要した。携帯電話を手に入れるためには、まず、工事負担料七万二八〇〇円、および保証金一〇万円がかかる。そのうえ、月額の基本料金は二万三〇〇〇円、通話料は六・五秒に一〇円とかなり高額であった。

通話料金も高く、通話のエリアも狭かったため、実用性はきわめて乏しかったというのが実情である。そもそも通信会社は、当時、国際通信を有望と考え、携帯電話にはあまり力を入れていなかった。

　通信会社が国際通信に力を入れるのも無理はない。通信利用動向調査によると、携帯電話が普及しだした一九九六年ですら、携帯電話を「保有していないし、今後も必要ない」と答えた人が半数以上いる（五〇・一％）。多くの人は携帯電話を欲していなかったのである。

爆発的な普及

　このような考え方とは裏腹に、携帯電話は「爆発的」と言っていいほどの速さで普及してゆく。**図16**は総務省が実施している『通信利用動向調査』をもとに、携帯電話およびスマートフォンの世帯普及率をまとめたものである。

半数以上の人が携帯電話を「保有していないし、今後も必要ない」と考えていた一九九六年、携帯電話の世帯所持率は二四・九％にとどまっていた。しかしそこからわずか二年で過半数を超え、二〇〇三年には九割以上の世帯に行き渡ってゆく。

　つまり、携帯電話は登場からわずか一〇年ていどで過半数の世帯に普及し、一五年ていどでほぼすべての世帯に行き渡ったのである。その背景には、私たちが固定電話をつうじて空

図16　携帯電話、スマートフォンの世帯普及率（「通信利用動向調査」より）

	開始	普及
手紙	紀元前2400年	1800年代半ば
固定電話	1890年	1970年代
携帯電話	1987年	1998年
スマートフォン	2008年	2013年

図17　メディアの普及過程

※1　固定電話、携帯電話、スマートフォンの開始・普及年は日本のもの。
※2　固定電話、携帯電話、スマートフォンは国内普及率50％以上の年を記載している。

間を超えたコミュニケーションに慣れていたという事情もある。空間を超えるおしゃべりを日常化した固定電話は、携帯電話の普及にあたり、地ならしの役割を果たしたのである。

その後、携帯電話は二〇〇八年（アメリカでは二〇〇七年）に発売されたｉＰｈｏｎｅを皮切りにスマートフォンに取って代わられ、スマートフォンは携帯電話以上の速度で普及してゆく。二〇一九年時点では、個人ベースでも八一・一％の人がモバイル端末を所有している。

携帯電話・スマートフォンの普及の速さは、手紙や固定電話の普及の速さと比べるといっそう際立つ。**図17**には各通信手段の普及過程がまとめられている。

図に明らかなように、目の前にいない人にメッセージを届ける原初的手段としての手紙が、多くの人に使いやすいものになるまでには、四〇〇〇年以上の歳月を要した。固定電話は手紙に比べるとずっと速く多くの人に利用されるようになったものの、それでも普及には八〇年近くの歳月を要している。

携帯電話の普及速度は、これらのメディアに比べると桁違いに速く、サービスの開始からわずか一一年で過半数の世帯に普及していった。スマートフォンになるともっと速く、ｉＰｈｏｎｅの登場からわずか五年で過半数の世帯に普及している。

携帯電話の登場により、遠くの人と交信するにあたり存在していた制約は次々と克服されてゆく。世帯単位で所有されていた電話は、個人所有になった。電波状況の改善により、今や、個人を識別する番号やＩＤさえ知っていれば、どのような人とどこにいても連絡をとることができるようになった。

さらに、固定電話で音声に限定されていた通信手段は、音声のみならず文字や画像をも取り込んでいった。私たちは、目の前にいない人との交流が、目の前にいる人との交流と等しくなるほどに比重を増した社会を人類史上初めて生きているのである。

人、もしくは友だちとのつながり方が変わった現代社会において、人間関係にはどのような変化が生じているのか。本章の後半ではその点を検討してゆこう。

5　スマホによる「自由からの逃走」

いくつかの論点

情報通信端末の普及により、目の前にいない人との交流が激増した。それに付随して検討するべき事柄は、大きく分けて二つある。目の前にいない人との交流の増加が人類に与える影響と、人間関係に与える影響である。

前者は、さまざまな学問的知識を結集して検討すべき重要課題である。人類史や認知科学、霊長類学、発達科学の知見をふまえると、私たち人類の身体の機能、および、社会のシステムは、対面接触の積み重ねにより構築されてきたことがわかる。

共同生活の根幹である共感や、言語、意味の獲得は、目の前に他者がいるからこそなし得たものだ。グルーミングを模した接触、火を囲んだ共食の効能も、進化の研究では必ず指摘されている。

対面をともなう接触を縮小させ、映像とマイクからの音声での交信が主流となる社会が、私たちに何をもたらすのかは定かではない。人類の根本を揺るがす可能性もある。この点を論じるには紙幅が足りないので、本書では問題の指摘にとどめておこう。

第二の論点、目の前の人間関係に与える影響については、「友だち」の変質を題材とする本書と直接の関わりをもつ。この論点は、つながりがすでに確立された人とのつきあい方への影響と、つながりを新たに築き上げるさいのつくり方への影響にさらに分けることができる。まず、つながりがすでに確立された人とのつきあい方への影響から検討してゆこう。

不安定なつながりの隙間を埋める携帯電話

図16からも明らかなように、携帯電話が私たちの生活に急速に入り込んだのは、一九九〇年代の後半以降である。一九九〇年代後半は、日本社会の個人化が進み、友人のあり方が変わった時期と重なっている。

個人化が進み、固有の人とつきあう必要性が薄れたことで、私たちは、つながりの輪に入るために、自ら動き、つながりを自足しなければならなくなった。人びとは意中の人との関係を保つために、つながりに大量の感情を注ぐようになった。

おたがいの気遣いと感情で成り立つ関係は、どちらかの感情が冷めれば、つながりそのものが消失してしまうもろさを抱えている。関係が不安定化するなかで世に広まったのが、空間的に離れた場にいる人をつなぐツール、すなわち、携帯電話である。

目の前にいない「友だち」を捕捉してくれる携帯電話は、不安定になった私たちのつながりの隙間を埋めるように、またたく間に普及していった。現代社会は、端末を介して身の回りにいない友だちとつねにつながる「常時接続の時代」を迎えている。

「形から入る友人」関係の維持に腐心する人びとは、ケータイ、スマホの電池残量を気にしつつ、肌身離さずケータイ、スマホをもつよう心がける。個人化により誰かとつながらなくてもよい自由を手に入れた私たちは、その環境とは裏腹に「どこにいてもつながりに捕捉される社会」に身を投じるようになったのである。

　自由をもてあまし、巨大なシステムに身を寄せる姿勢は、ドイツの哲学者、エーリッヒ・フロムの述べる「自由からの逃走」を思い起こさせる。フロムはナチスドイツを事例に、自由と孤独の狭間に揺れた人びとが、自由を捨て全体主義に傾斜したありようを描いている。

可視化されるコミュニケーション

　つながりにおける「自由からの逃走」の手段として機能している情報通信ツールは、逃走の経路を充実させることで爆発的な普及を遂げていった。情報通信ツールは、目の前にいない人とのつながりにまつわる欲求を次々にかなえながら普及していったのである。その過程で、人びとのコミュニケーションのなかのグレーな領域はなくなっていった。

　コミュニケーションについて、今一度考えると、基本的にはグレーな領域の多い曖《あい》昧《まい》なものだということに気づく。いつ、誰から連絡をもらい、どういったことを話したかなどは、大事な話でないかぎり、よほど記憶力のよい人、あるいは記録熱心な人以外は忘れてしまう。

コミュニケーションにおける曖昧さの除去は、「形から入る友人」関係においてことのほか重要な意味合いをもつ。曖昧さがそのままつながりへの不安を喚起する材料になるからだ。おたがい「友だちである」という感覚を更新し続けることで維持される「形から入る友人」関係は、感覚に依拠するゆえ、本質的に曖昧さを抱える。人の感覚や感情は目に見えるものではないので、感覚に依拠する関係は、当事者どうしが「ある」と思えば存在し、「ない」と思えばなくなってしまう非常に曖昧かつ不安定なつながりなのである。

人間関係が流動化するなか、人びとは、出会った相手と友人、恋人といった関係にならなければ、つながりの輪から取り残されるリスクを背負っている。その一方、友人や恋人は感覚に依拠するため曖昧さをともなう。

情報通信ツールは、人間関係が流動化し、おたがいが「友だち」であることを求められるなか、曖昧にされてきたつながりの中身を、非常にわかりやすい形で可視化させた。この機能は、私たちを情報通信ツールにますますしばりつけるはたらきをもつ。

そうして可視化されたコミュニケーションは、記録、承認、交友範囲の観点から、必然的に友人関係についても変質をもたらすことになる。

6　記録に残されるコミュニケーション

誰といつ何回話したか記録される社会

情報通信ツールが普及した社会では、人びとはそれぞれに個人を識別する番号（携帯番号など）やＩＤ（ＬＩＮＥ ＩＤなど）をもっている。番号やＩＤと個人が紐付けられることで、私たちは、「意中の人」に直接アクセスできるようになった。このような条件のもと、かなり早い段階で可視化されたのが、コミュニケーションの記録である。

携帯電話は普及しだした当初から、個々人の番号やＩＤを名前に紐付けて登録し、発信履歴、着信履歴という形で、私たちがいつ誰にアクセスし、いつ誰からアクセスされたか記録する機能をもっていた。この機能があることで、距離の離れた相手とのコミュニケーションの行き違いはかなり減少した。

コミュニケーションの記録は、連絡の交通整理だけでなく、承認の目安としても機能した。たとえば、ＡさんがＢさんに電話をし、Ｂさんが電話に出なかった状況を想定してみよう。

携帯電話は、発信した側、着信した側双方に、「履歴」という形で何月何日何時何分に何回電話した（電話を受けた）という記録を残している。この機能を使えば、ＡさんはＢさんが着信を受けてからどのくらいの時間で返信をしてくるのか正確に知ることができる。この時間が長くなると、ＡさんはＢさんから受け入れられていないのではないかと疑いを抱くかもしれない。ゆえに、Ｂさんには、「連絡をもらったのだから返信しなくては」という拘束力が発生する。

ここでかりにＢさんが返信をせず、電話に出ることもせず、Ａさんが複数回電話をかけたならば、Ａさんは非常に明快な形で、Ｂさんから拒絶されていることを認識する。コミュニケーションの記録は、私たちが「友だちと想定している他者」から連絡を得られたか否か明示することで、二人のつながりの深度を視覚的に明らかにしてしまうのである。

コミュニケーションの記録は、より大きな社会からの受容の目安にもなる。私たちは、自らのスマホを見返せば、一定の期日に、何人の人から何回の連絡があったのか、知ることができる。裏返すと、どれほど連絡がなかったのかも知ることができるのである。

二〇二一年一二月に大阪・北新地の雑居ビルで放火殺人事件が発生した。多くの犠牲者とともに死亡した容疑者のスマホに登録されていた電話番号は０件であった。「死ぬときくらい注目されたい」と検索して犯行におよんだ容疑者の孤立状況が推察される。
「どこにいてもつながりに捕捉される社会」で、誰からも捕捉されない状況は、私たちに誰からも見向きもされていないという感覚を呼び起こさせるのである。

ＬＩＮＥによる可視化の進展

コミュニケーションアプリ・ＬＩＮＥの登場により、目の前にいない人とのやり取りは、より鮮明に可視化された。

ＬＩＮＥは、韓国ＮＨＮ株式会社傘下の日本法人、ＮＨＮＪａｐａｎ（現、ＬＩＮＥ株式会社）が開発したコミュニケーション用のソフトである。日本では、二〇一二年頃から利用されだし、二〇一九年には八六・九％もの人が利用している（総務省『通信利用動向調査』）。なかでも若者の利用率は非常に高く、二〇代で九五・七％、三〇代で九四・九％とほぼすべての人が利用している。

このＬＩＮＥのおもな機能がメッセージサービスである。ＬＩＮＥは二者間、あるいは三者以上のグループによるメッセージのやり取りを画面上で一括管理している。

ＬＩＮＥは、いつ、誰にメッセージを発信し、また、いつ、誰からメッセージを受信したのかすぐにわかる仕組みになっている。つまり、私たちのコミュニケーションの履歴を非常にわかりやすい形で示しているのである。

さらに、ＬＩＮＥには、自らの発したメッセージを相手が読んだか否か確認できる「既読」機能もついている。「既読」機能により、人びとは自ら発信したメッセージを相手が読んだのか否か、読んだとすればどのくらいのタイミングで返信をくれるのか、確認できるようになった。

コミュニケーションアプリに「既読」機能が追加されたことで、メッセージを発信した当事者の「相手がメッセージを読んでくれたのか」という疑問や不安は取り除かれた。しかし、新しい機能は別の不安を生み出してしまう。いわゆる「未読スルー」「既読スルー」問題である。

コミュニケーションアプリをつうじてメッセージを送信する人は、基本的には、相手に読んでもらうことを想定してメッセージを発信している。そうでなければ、メッセージを送る意味はないからだ。そこで「既読」がつかなければ、送信者は相手がメッセージを読んでくれないことに対する不満感や不安感を募《つの》らせてゆく。

その一方で、「既読」がついたにもかかわらず、返信がない場合、送信者は「自らのメッセージが届いたにもかかわらず無視された」と解釈し、いっそうの不満感、不安感を募らせてゆく。

おたがいのやり取りが可視化されたことで、メッセージを発信した人は、相手の返信にとらわれるようになり、メッセージを受信した人は、返信の義務を課されるようになる。情報通信端末によって可視化されたコミュニケーションは、不安定な人間関係を生きる私たちが、つながりの状況を判断する目安になっているのである。

位置や電池残量までも可視化

可視化されているのは、メッセージの授受だけではない。今や、おたがいの位置情報、ある場所での滞在時間、端末の電池残量、移動速度まで共有するアプリも登場している。

フランスのＺｅｎｌｙ社が二〇一五年に開発したＺｅｎｌｙというアプリがある。日本では、二〇一九年頃から女子高生を中心に広まった。このアプリを使えば、相手が現在どこにいて、ある場所にどのくらいの時間滞在しているのか、登録されている人のスマホの電池残量はどのくらいなのか、知ることができる。

もちろん、通知をオフにすることも可能だ。しかし、通知をオフにしてしまうと、かえって周囲の人から疑いを抱かれることもある。それも当然だろう。一度明らかにしたものを隠そうとすれば、そこに不信感を抱く人がいるのは何らおかしいことではない。

　高校生の間では、Ｚｅｎｌｙをスマホに入れ、交遊するのがはやっているという。おたがいの情報を丸裸にするアプリを積極的に入れようという考えは、にわかに信じがたい。今の若い人の関係をつなぎ止めようという気持ちは、これほどまでに強いのである。

つながらないことに耐えられない

　コミュニケーションが可視化されるなかで、遠くにいる人びとと常につながり続ける状況は、私たちの孤独感をあおり立てる。たとえば、若者研究では、携帯メールを頻繁に利用する人ほど、孤独に対して恐怖を抱き、孤独に耐える力が弱くなる、と言われている。

　メールやＬＩＮＥなどのコミュニケーション・ツールが人びとの孤独への恐怖をあおる仕組みについて、社会学の相対的剥奪《はくだつ》という概念を使って考えてみよう。

　相対的剥奪とは、人びとの不満は、主観的な期待水準と実際に達成されたものとの格差（剥奪）により相対的に決定されるという考え方である。たとえば、偏差値七〇のＡさんと、偏差値五〇のＢさんが中堅レベルのＸ大学に合格し、入学したとしよう。

相対的剥奪の理論にしたがえば、このとき二人が感じる喜びは、AさんよりもBさんのほうが大きくなる。というのも、もともと偏差値の高いAさんは、進学先への期待水準が高くなるため、中堅レベルのX大学への入学という成果をあまり喜べないからだ。

一方、あまり偏差値の高くないBさんは、進学先への期待も高くはない。そのため、X大学に入学するにあたっての剥奪感はなく、満足して入学式を迎えることができる。

この概念をもとに、つながりにおける「常時接続前」と「常時接続後」の時代を比べてみよう。

つながりが不安定化してゆくと、人びとは相手をつなぎ止められるか否かという不安を抱えるようになる。このような状況で登場した「常時接続」のつながりの場は、「自由からの逃走」の経路となるばかりでなく、人びとのつながりへの期待を拡大させる。

ケータイ、スマホの登場により、これまで私たちを隔てていた物理的な距離は無視しうるものとなった。私たちは、いつでも、どこでも意中の相手とつながる環境を手に入れたのである。しかし、膨らんだ期待は、それがかなわなかったときの失望感も増幅させる。言い換えると、「つながらないこと」に対する耐久力を大幅に落としてしまう。

たとえば、友だち、またはつきあっている人とつながらない状況を考えてみよう。「常時接続前」の時代であれば、距離の隔たった相手と「つながること」は当たり前ではないので、つながっていない状況に対する不満や不安は、そう簡単には生じない。

手紙の時代であっても、相手の返信にやきもきすることはあったようだが、一日、二日連絡が来ないことは、それほど気にならなかっただろう。そもそも、手紙の時代にはそれほどの短期間で連絡をとる手段もなかった。

「常時接続」の時代になると、相手と「つながること」が常態になる。人びとが相手とつながることを当然と考えているならば、かりに、目の前にいない誰かとつながらない事態が生じると、その状況に対して強い不満や不安を抱くようになる。

しかも、「常時接続」の時代のコミュニケーションは可視化されているので、私たちはどのくらいの時間相手とつながっていないのか、相手がメッセージを確認してくれたのか、つねに意識させられる。「常時接続」の社会は、人びとから誰かとつながらないことへの耐性を奪ってゆくのである。

コミュニケーション・ツールから切断された数十分後、数時間後には不安・不満を感じる、ＬＩＮＥやＩｎｓｔａｇｒａｍを日に何度もチェックしないと落ち着かない。そういう気持ちを抱いている人たちはけっして少なくないだろう。

湿らせてもすぐに乾いてしまう砂のように、私たちのつながりの欲求は満たされることを知らない。すぐに訪れる乾きは、私たちをケータイ、スマホへとしばりつけてゆくのである。

7　可視化される承認と主張の多い個人

受け入れのていどがわかる社会

友人関係は、究極的にはおたがいが相手を求め合うという感情に規定されている。友情に、何かの役に立ちそうだとか、仕事上のつきあいがあるからといった感情以外の要素が入ると、当該の友情はなんとなく嘘くさいものになる。第一章で振り返った古代ギリシアの哲学者たちも、同じような感覚を抱いていた。

個々人が相手に抱く感情が重視される人間関係とは、「相手に受け入れてもらう」ことが重視される人間関係とも言い換えられる。こちらからはたらきかけなければ置き去りにされてしまうような社会を生きる私たちは、相手に受け入れられて「よい」友人関係を維持しなければ、つながりから放り出されてしまう可能性があるのだ。
しかし、何をやれば相手に受け入れてもらえるのか、ということはそう簡単にはわからない。だからこそ、人びとは対立を回避し、なるべく悪い感情を抱かれないように行動するのである。

情報通信端末を介したコミュニケーションは、一連の機能をつうじて、相手からの承認の度合いを徐々に可視化していった。前の節でも触れたコミュニケーションの記録は、承認の確認装置の役割も果たしている。

他者からのメッセージの受信量、自らが発信したメッセージに対する応答の量および速さは、それだけで、人から「受け入れられている」度合いを判断する材料になる。この承認の度合いを非常にわかりやすい形で可視化したのが、多くのＳＮＳに実装された、人びとの投稿を評価・拡散する機能である。

Ｔｗｉｔｔｅｒ、Ｆａｃｅｂｏｏｋ、Ｉｎｓｔａｇｒａｍに代表されるＳＮＳには、いずれも、当該ソフトを介してつながっている人たちに、文字、画像、動画をつうじてメッセージを伝達する機能がある。

メッセージを受信した人は、掲載されたメッセージを「よい」と思えば、ボタンを操作して、自らの気持ちを伝えることができる。俗に言う「いいね！」機能である。また、メッセージをより多くの人と共有すべきと感じたならば、シェア機能をつうじてさらに拡散することもできる。

一方、メッセージを送った人は、「いいね」の数やシェアされた回数を自らのＳＮＳのページから確認できる。この「いいね」やシェアの回数を確認することにより、私たちは自ら発信したものが、親しい人あるいは世のなかにどのくらい受け入れられているのか、容易に確認できるようになった。

情報通信ツールに実装された承認の測定機能は、私たちをＳＮＳのページに釘付けにし、新たな行為様式を確立していった。

持続しない承認とネタ消費の拡大

おたがいが受け入れ合うことで成り立つ関係性の難しさは、そもそも、自らが受け入れられているかどうか確認しがたいことにある。この点に加え、「受け入れられる」という行為には、もうひとつ重要な特徴がある。承認そのものが持続性に欠けることである。

かりに、現在受け入れられている人が、数日後にも受け入れられるとはかぎらない。今や

「修復をする機会がなさそう」だからケンカをしないのが友人関係のあり方なのだ。だからこそ人びとは、コミュニケーションを繰り返して相互に受け入れられている感覚を更新しなければならない。

ＳＮＳの承認測定機能は、承認における可視化の問題を解消した。その一方で、持続性の問題は解消されないまま残っている。かりにある投稿で一万件の「いいね」を獲得したとしても、次の投稿で同じくらいの「いいね」を獲得できる保障はどこにもない。

その結果、ＳＮＳをつうじて承認を得ている人びとは、ＳＮＳへの投稿を目的として行動をおこすようになる。「いいね」の獲得を目的として、やや過剰に装飾した写真や動画をＳＮＳに投稿する「インスタ映え」や「ＳＮＳ映え」といった行為はその典型である。承認が可視化された社会を生きる私たちは、いかに多くの「いいね」がもらえるかを意識しながら、ネタ探し的な行動を繰り返してゆくのである。

しかしながら、投稿用のネタがそう長く続くわけではない。また、次の投稿は受け入れられないかもしれないという心理的緊張は、それだけでストレスになる。結果として一部の人はネタ探しに対する疲労をうったえるようになる。

その一方、ネタの継続を志向して過剰な表現に走る人も出てくる。さらに、相手の投稿に

「いいね」を押すために定期的にＳＮＳソフトを開く人も現れる。友だちが送った投稿に承認のメッセージ、すなわち、「いいね」を送ることこそが友情の証だからである。

ＳＮＳにより可視化された承認は、不安定な関係におびえる人びとをＳＮＳに引きつけてゆく。「常時接続」の時代の、目の前にいない人による拘束は、常時接続前の時代から考えられないくらいに強まっている。

しかも、そこで交わされるコミュニケーションからは、対面の会話で見られる何気ない要素は削減され、メッセージ性の強いものが中心を占めるようになる。つまり、「ふつう」の自己よりも「ちょっと盛った」自己が提示されるのである。

常時接続をしながら、「明るい自己」を見せることで成り立つ友人関係。そのようなつながりに相談をする人が減ってしまうのも、たしかに納得がいく。

会話のネタもスマホから

ネタ消費の傾向は、ＳＮＳの進化によりさらに強まっている。ＩｎｓｔａｇｒａｍやＦａｃｅｂｏｏｋには、ストーリーズという機能がある。

この機能を使えば、二四時間限定で、自身とつながっている人と、一五秒の短い動画を共有することができる。投稿される動画は、日常の体験を中心としている。この機能を使って「友だち」どうしで期間限定の動画を楽しむ行為が、若者の間ではやっている。

多くの若者がストーリーズを使うようになることで、対面で会うときにも、投稿内容をもとに会話が広がる機会が増えていった。ここで重要なのは、ストーリーズの動画は短期間で消えてしまうということだ。

かりに会話がストーリーズの動画をもとに繰り広げられるならば、会話の輪に入るためには、定期的にソフトを開いて動画をチェックしなければならない。また、時には自らが投稿することも求められよう。

かくして人びとは、空いた時間に端末をチェックするようになり、定期的にネタを投稿するよう促される。ＳＮＳには、私たちを端末にしばりつける仕組みが過剰なほどに盛り込まれているのである。

8　可視化される交友範囲

登録人数とグループの範囲

情報通信ツールは、私たちの交友範囲も可視化していった。

そもそも、常時接続前の時代に、友人と友人ではない人の境界はあまり明確ではなかった。「俺たちって友だちだよな」などとあえて確認するのはなんとなく気恥ずかしいし、相手がそう思っていなかったら気まずい気分になる。だからこそ、常時接続前の時代には、友人とそうでない人の区別は、どことなく曖昧なままにされてきたのである。

ところが、常時接続の時代になると、人びとの交際範囲は明確になってゆく。携帯電話は、私たちが頻繁に通信する人びとを、連絡先という形で登録・保存してゆく。この登録人数は、そのまま、私たちの交友範囲を表すと言ってもいいだろう。

個人情報保護法の施行以降、友だちであっても住所の交換は難しくなっている。また、それぞれが個人のＩＤや番号を所持する常時接続の時代には、世帯単位で情報を把握する必要性は減っている。結果として、私たちの知り合いとの接続手段は、情報通信ツールやメール、ＳＮＳに紐付けられたＩＤや番号に集約されてゆく。

このような社会では、情報通信ツールに登録してある人びとの名前や、ＳＮＳを介してつながっている人びとの名前が、そのまま行為者の交友範囲を表すようになる。つまり、情報通信ツールへの登録の有無をつうじて、私たちは友人の境界を意識させられるのである。

交友範囲はＳＮＳのさまざまな機能により、いっそう明確になってゆく。たとえば、ＬＩＮＥは、個々の登録ＩＤによって交友範囲を記録するだけでなく、登録した人びとを詳細にグループ分けする機能がある。これにより、仲の良い人の境界はいっそう明確になる。

たとえば、ある高校のクラスを考えてみよう。このクラスには、連絡用としてメンバー全員を登録したＬＩＮＥのグループがある。しかし、グループはそれだけにとどまらない。たいていは、いくつかの「気の合う」人によるグループが複数存在する。

このグループを見ることで、人びとは誰が「仲良し」のグループに入っており、誰が入っていないのかを認識することになる。もっと踏み込んで言えば、ある人がグループから除かれる瞬間を目の当たりにすることもある。

また、ＦａｃｅｂｏｏｋやＩｎｓｔａｇｒａｍには、相手のメッセージをブロックする機能がある。この機能をつうじて、ある特定の人物とつながっているように見せかけて、緩やかに排除することもできるようになったのである。

仲間はずれは私だけ？

友人の境界を意識する機会は、ＳＮＳに掲載される投稿によってももたらされる。

一部のＳＮＳには、行為者とつながりのある人びとの投稿を、行為者専用のページに五月雨《さみだれ》式に表示する「タイムライン」機能がある。この投稿に対する「いいね」が行為者のグループに対する友情意識や承認の感覚を刺激するのは、これまで記してきたとおりである。

そこで次のような状況がおきたとしよう。Ａさんには仲良しのグループだと認識している二人の友だちＢさん、Ｃさんがいる。Ａさんの専用ページには、三人で遊びに行ったときの写真やコメントが複数並んでいる。

ところがある日、ＢさんとＣさんが二人だけで出かけた写真が投稿されていた。しかも、Ａさんはその誘いを受けていない。この投稿をきっかけに、Ａさんは三人の友情に疑問をもち始めるようになる。

この例にもあるように、利用者の専用ページには、利用者が仲間だと思っていた人たちが、利用者を除いて出かけた写真や動画が投稿されることもある。これらの投稿は、利用者の疑念や嫉妬《しっと》を引き起こし、他の人との関係にマイナスの影響をおよぼす可能性がある。

9　情報通信ツールが線引きする友人関係

私たちをしばりつける目の前にいない人との交流

人と人とを強制的に結びつける社会の拘束力が弱まり、つながりに感情の入る余地が増えてゆく。このような状況は、人びとのつながり方を変えると同時に、友人への注目を高めていった。

しかしながら、友人の概念じたいは定義しがたく、曖昧である。また、友人関係を構成するどちらかが、相手を「友だちではない」と感じた瞬間から、つながりは存続の危機にさらされる。

このような危機感を埋めてくれたのが、目の前にいない人をつなぎ止める役割を果たす情報通信ツールであった。

情報通信ツールを使うようになったことで、曖昧であった交遊の記録が残され、私たちの人間関係にわかりやすい境界線が引かれるようになった。私たちは、情報通信ツールの残す「コミュニケーションの記録」を参照しつつ、友人とそうでない人の境界線を意識して行動するようになったのである。

友人の境界線の内側に入るために肌身離さず情報通信端末をもち、端末の確認を怠らないようにする。常時接続の環境は、目の前にいない人との交流に、私たちを絶えずしばりつけているのである。

目の前にいない人との交流の影響を検証する

その一方で、私たちが目の前にいない人と日常的に交流するようになってから、それほどの時間が経過したわけではない。電気の効能を見出し、電話がお茶の間に入るようになったのは、ほんの五〇年前のことである。

電話の普及により、目の前にいない人との交流に慣れた人びとは、ケータイ、スマホをこれまでにない速さで受け入れていった。人との接触を「不要不急」と見なしたコロナ禍が、それに拍車をかけ、目の前にない人との交流は、対面の交流と同じくらいの重みをもつようになった。

しかしながら、私たちの身体のさまざまな機能、文化・社会のさまざまなシステムは、おおよそ対面での交流をもとに築かれてきた。重要なのは、ケータイ、スマホの急速すぎる普及によって、その影響力の検証がロクになされないまま、つながりのあり方が変えられてしまったことだ。技術の進歩も重要だが、技術がもたらす帰結の検証も、それと同じくらい重要である。この点については、私たちの心に留め置くべきだろう。

第四章　コスパで決める友だちづきあい

1　役に立つ人こそが友だち

友だちは大事な資源

この章では、「形から入る友人」の異なった側面を扱う。資源としての側面である。いにしえの友情論からも明らかなように、私たちは、資源の側面が強調される友人関係を、「真の友人」関係と異なるものととらえがちだ。

アリストテレスは、善き人びとの徳にもとづく友愛を「完全な友愛」と見なし、快楽による友愛や有用性による友愛を副次的なものと見なしていた。たしかに、役に立つからつきあうと言われると、なんとなく気持ちも冷めてしまう。

その一方で、友人が「形から入る」ものに転じると、友人の資源としての側面が強調されてゆく。まさに、自らにとって役に立つかどうかが重要になるのである。本章では、資源としての友人関係に焦点をあてて、現代社会の友人のあり方について論じてゆく。

友人関係の自由市場化

人間関係が流動化した社会では、私たちは、主体的に動いて、つながりを確保しようとしなければ、つながりの輪に入ることができない。つながりの輪からこぼれ落ちるのを防ぐために、私たちは、出会った人びとと友だちになれるよう努力を重ねる。

そうは言っても、首尾よく友だちを得られるとはかぎらない。私たちが、誰かと友だちになるためには、相手からも友だちとして選んでもらわなければならないのである。おたがいが「友だち」と認め合うことで、初めて友人関係は成立する。

おたがいが「友だちである」と認識することで成り立つという友人関係の原理は、「結果としての友人」にも「形から入る友人」にも共通している。異なるのは、「形から入る友人」関係は選択の余地がいちじるしく増した、ということである。

人間関係があるていど固定化したなかで形成される「結果としての友人」関係には、時間をかけて友情を育む余地があった。また、囚人のジレンマゲームを用いて説明したように、おたがいが関係をよくするよう振る舞う誘因もあった。

「形から入る友人」関係の時代には、そこまでの安定性・持続性を見込めるつながりは存在しない。人びとは、刹那的な関係をつなぎ止めるために、出会った相手と友だち、または、恋人になるよう求められる。

誰かと友人・恋人になるためには、相手からプラスの評価を得ねばならない。つながりの確保にせき立てられた私たちは、人から選んでもらえるよう切実な努力をしてゆく。面白い人間に見られるようキャラづけをしたり、興味もないのにはやりの歌を覚えたりといった行為は、その典型である。

他方、私たちは選ばれる立場にあるだけでなく、選ぶ立場にもある。自らがイヤだと思う人とつきあうよう仕向ける力は、個人化とともに急速に弱まっている。今や会社やゼミの懇親会を強制される時代ではない。私たちは、自らの内側にいる人・いてほしい人を、選択し合いながら日々を過ごしているのである。

人づきあいにかぎらず、選択の度合いが強まると、人は、「よりよいもの」を志向して決定をくだすようになる。選べるならばよいほうを選びたいという心理がはたらくからだ。人づきあいに選択の度合いが強まると、私たちは何らかの有用性を基準につきあう人を選ぶようになってゆく。

社会学者の辻《つじ》泉《いずみ》は、選択の度合いが増した友だちづくりの場を「自由市場化」と呼んでいる。友人関係が自由市場化されると、商品市場のように、おたがいの条件が折り合った人が関係を結び、よい取引材料をもつ人ほど、多くの人から声をかけられるようになる。

選び選ばれる友人関係においては、相手に選んでもらえるよう、魅力的な資源を貯えることが重要なのである。だからこそ私たちは、人から選んでもらうことを志向して切実な努力を重ねてゆく。

2　資源・資本になった人間関係

ソーシャル・キャピタルの流行

人間関係の選択化による友人関係の自由市場化が指摘されたのと同じタイミングで、人間関係そのものを投資の対象である資本と見なす研究もさかんになっていった。

ソーシャル・キャピタル（Social Capital）という言葉をご存じだろうか。日本語ではしばしば社会関係資本と訳されている。地域政策の報告書などにも出ているので、目にしたことのある人もいるだろう。

定義は研究者によってさまざまではあるが、ひらたく言うと、つながりをもつことの重要性をあらためて指摘した概念と言えよう。地域住民の結束力を高めることにより、地域の活力が増し、住民の幸福度も上がるといった研究が見られる。

この言葉の歴史は古く、一九一〇年代にはすでに使われていた。当時はさほど注目を集めず、研究として本格的に注目されだしたのは一九九〇年代後半になってからである。

社会政策を研究しているジョン・フィールドは、研究データベースを用いて、ソーシャル・キャピタルという言葉を含む論文の数を検索した。すると、一九八一年以前にはわずか二〇件しかヒットしなかった論文数が、一九九一から一九九五年になると一〇九件まで増えていることが明らかになった。

その勢いは一九九〇年代後半になるとさらに増し、一九九六年・九七年のわずか二年間で一〇〇三件もの論文がヒットしている。今や、日本の政府が発行する報告書にも、ソーシャル・キャピタルや社会関係資本という言葉が散見されるようになった。厚生労働省のホームページには、「ソーシャルキャピタル関連資料」をまとめたコーナーがある。

ソーシャル・キャピタルが流行した時期は、日本社会が個人化し、友人関係が自由市場化してゆく時期と重なっている。いずれも、一九九〇年代から二〇〇〇年代にかけての現象なのである。この点は重要なので、もう少し深く考えてみよう。

資本になった人間関係

ソーシャル・キャピタルに焦点を当てた研究の多くは、人と人とのつながりが重要、あるいは、つながりをもつことが重要と、ごく当たり前のことを指摘している。このようなことは、あらためて指摘されなくとも、ふだんから耳にしている。「一期一会」や「情けは人のためならず」など、つながりの重要性を示唆《しさ》する言葉は枚挙《まいきょ》にいとまがない。

ソーシャル・キャピタルの流行を検討するにあたり注目すべきは、つながりに「キャピタル」すなわち「資本」という言葉を使ったことにある。

言うまでもなく、資本は経済用語だ。利益を生み出す原資というのが、もともとの意味するところであろう。資本を何らかのものに投資することで、より大きな利益を生み出す、というのが資本主義社会の基本原理である。

ソーシャル・キャピタルの理論にしたがえば人間関係も投資の対象のひとつになる。あるつながりに投資をすれば、より大きなリターンが返ってくるという考え方である。この発想は、人に情けをかけておけば、いずれはよい報いが返ってくるという考えに近い。実際、そのような意味合いで、ソーシャル・キャピタルという言葉を使っている人もいる。

資本の意味合いの中核は、先ほど説明したように、「利益を生み出す可能性のあるところへの投資の源泉」というものである。この資本の特性は、ひと昔前から見られる「選択と集中」の論理と強固に結びついている。

資本を投下してより大きな利益を得るには、投資する先を厳選する必要がある。資本を「より大きな利益」が見込めるところに集中投下するというのは、「選択と集中」の論理の基本である。利益の最大化が目標の資本主義社会では、当然の行為であろう。

資本の論理を人間関係に当てはめると、私たちは、自らにとってより大きな利益をもたらすであろう人に関心を集中させるようになる。人間関係は、自らに何らかの利得をもたらす資源と見なされ、自らにとって有用だと思われる人に投資を集中させる。このような考え方は実際の人間関係にも生じている。

友だちはコスパで決める

私が出会った大学生のなかには、「友だちになるかどうかを決めるのはあくまでコスパ」とあっけらかんと話す人もいる。なるほど、人と会ったり、話をしたりするには、時間もお金もかかる。そうしたコストに見合わない人とはつきあわないというのが彼・彼女の理屈である。さっぱりしてはいるが、さびしい感覚はぬぐえない。

コスパを重視して人間関係を使い分ける女子学生もいた。彼女の意図するところは、趣味の話はこの人、学校の話はあの人と、あらかじめ役割を限定することによって個々の会話のパフォーマンスを最大化することにある。

彼女にとって、趣味の役割の人に学校の話をするのは、時間の無駄、すなわちコストでしかない。役割の違う人には物事の背景をいちいち説明せねばならず、コストがかかるからイヤ、というのが彼女の理屈である。

親子もまた資源

人間関係を資源と見なす発想は親子関係にもおよんでいる。近年「親ガチャ」という言葉がはやっている。この言葉は、「現代用語の基礎知識選二〇二一ユーキャン新語・流行語大賞」トップ一〇に選出されている。

ガチャとは、インターネットのゲーム上でのキャラクターやアイテムの入手方法である。ガチャでは、昔の駄菓子屋さんにあった「ガチャガチャ」のように、どのようなキャラクターやアイテムが出てくるかわからない。ガチャの仕組みを親子関係になぞらえたのが、「親ガチャ」という言葉である。

「親ガチャ」という言葉がよく使われるのは、「親ガチャが外れた」という形で、自らの願望に叶った親のもとに生まれなかったことを嘆く文脈である。今どきの若者は、充分な資源をもっていない親のもとに生まれた嘆きを「親ガチャが外れた」という言葉で表しているのである。

親は友人のように自ら選ぶことができない。だからこそ若い人は、「ガチャが外れた」と発することで、自らのソーシャル・キャピタルの少なさを嘆く。有用性という物差しで人を評価してゆく姿勢には、どことなくつめたさを感じさせるものがある。

人間関係に資源や資本の論理が入ってくると、私たちはどうしても、費用対効果などのコスト計算をしてしまう。満足を最大化しようとする人間の習性は否定できないが、合理性に染まった人間関係・友人関係はそれほどよいものではない。以下では、その点についてさらに論じてゆこう。

3　序列化される人間関係

資源と化す同僚・級友

人間関係が流動化し不安定になったといっても、あるていど固定的なつながりも残存している。会社の同僚とのつながりは、そこまで頻繁に変わるわけではないだろうし、中学校や高校のクラスも、おおむね一年はメンバーが固定されている。

このような集団は、メンバーが固定されているゆえ、友情が育まれやすいのだろうか。環境的には時間をかけて友情を育む条件に恵まれているように見える。しかし、こうしたつながりも、資源としての側面を強めてきている。

ネットワーク組織の時代

日本の企業ではバブル崩壊後の長期不況の原因として、囲い込み型の雇用慣行の弊害が指摘されていた。囲い込み型の体質が時代の変化への対応を阻み、国際的な遅れを生んだという議論である。

日本企業の雇用慣行の変容を象徴する文章として、たびたび取り上げられるのが、日本経営者団体連盟が一九九五年に出版した『新時代の「日本的経営」』である。この書籍では、従業員は、従来型の雇用を踏襲した「長期蓄積能力活用型」、専門技能をもち囲い込みの対象とならない「高度専門能力活用型」、熟練の技能を要さない「雇用柔軟型」に分類されている。

『新時代の「日本的経営」』では、この分類にのっとった雇用の再編成が提案されている。上場企業の経営者の集まりである日本経営者団体連盟が、長期雇用の解消を提唱した影響力は大きく、日本企業の囲い込み体質は、この時期あたりから徐々に解消されていった。

硬直性の解消を求める議論は、雇用形態のみならず組織形態にまでおよんだ。これまでのように部署・部門に分かれた組織は、組織の柔軟性をそぎ、新たな発明やイノベーションを妨《さまた》げる要因になるとして、批判のやり玉にあげられた。

組織形態への批判に応える形で導入されたのが、部署・部門の垣根を取り払い、テーマごとにチームを編成し課題の達成を図るネットワーク組織である。ネットワーク組織では、プロジェクトのリーダーが課題に応じてチームを編成する形態をとる。部署・部門のような縦割りの構造をもたないため、変化する課題に柔軟に対応できるというのが、ネットワーク組織のウリである。

受動的な従業員は淘汰される

リーダーがメンバーを募るという形でつくられるネットワーク組織では、社員個々人の力量がいっそう重視されるようになる。従業員は、特定の部署や部門を異動するのではなく、開設されたプロジェクトを移動してゆく。移動のさいには、望みのプロジェクトに入れるよう、自らを売ることを求められる。裏を返せば、メンバーとしての魅力に欠ける人は、声もかからないのである。以下の文章を見てほしい。

> ＵＦＪ総研では、プロジェクト・チームの編成もプロジェクト・リーダーをはじめとするメンバーの自主性に任されている。あるプロジェクト・チームが編成される際にメンバーに選ばれるためには、自分がそのチームに貢献できることを、周囲の人間に信じてもらわなくてはならない。そのためにも、過去に参加したプロジェクト・チームで十分な実績をあげ、自らの能力をアピールする必要に迫られる。指示待ち型の受動的な従業

員は淘汰されてしまうのであり、自律的に自分を高める従業員が生き残る環境ができているのである。

この文章は、二〇〇四年に出版された『フラット型組織の人事制度』から引用したものだ。フラット型組織とは、ネットワーク組織と同じものと考えて差し支えない。この文章には、従業員の資源としての側面がはっきりと表れている。

ネットワーク組織でチームのメンバーに選ばれるためには、自らの有用性を証明し続けなければならない。「指示待ち型の受動的な従業員は淘汰されてしまう」のである。

経営指南の書籍として執筆された文章なので、執筆者およびＵＦＪ総研は、このような企業体質を当時はよいものと考えていたのだろう。有能さを証明し続けなければ淘《とう》汰《た》されてしまうような企業では、先を見据えて友情を育むのは難しい。もはや温かい「企業家族」は過去のものなのである。

スクールカーストの時代

資源化の影響は学校の教室にもおよんでいる。二〇〇〇年代後半から、教室内の人間関係のありようを表すさいに「スクールカースト」という言葉が使われるようになった。

スクールカーストを研究している社会学者、鈴《すず》木《き》翔《しょう》によれば、この言葉の初出は、二〇〇七年である。教育評論家の森《もり》口《ぐち》朗《あきら》が『いじめの構造』という書籍のなかで用いている。

森口は、現代社会のいじめの様相を解明するためにスクールカーストという言葉を使った。

この言葉は、現在、教室内の人間関係を指し示す言葉として、もう少し幅広く用いられている。

鈴木によると、中学生や高校生の教室では、絶えず「値踏み」が発生している。「値踏み」をつうじて「同学年の児童や生徒の間で共有されている『地位の差』」がスクールカーストなのである。

ヒンドゥー教の身分制度であるカーストになぞらえて、おたがいが「値踏み」をつうじて級友を序列づけてゆく。狭いクラスのなかでも、人びとはもちうる資源に応じて、序列化されているのである。

スペックを高めよ

人が資源としての側面を強めたことで、能力や技能に対する言い回しも変わってきた。二〇一〇年代あたりから、就職活動をする大学生の間で、履歴書に書く技能や特技などに対して「スペック」という言葉が割り当てられるようになった。

高度な資格をもっていたり、外国語を話す技能がある人を「スペックが高い」と呼ぶのである。「優れている」や「素晴らしい」ではなく、製品の性能を表す「スペック」という言葉を割り当てる姿から、人間を無機的な資源として扱う姿勢を読み取ることができる。

会社であってもクラスであっても、「善い」人間関係、友人関係を結ぶためには、自らの能力やスペックを高め、多くの人を引きつけなければならないのである。

4　検索される友人

検索の時代

友だちの資源としての側面が大事になれば、友だちの探し方も変わってくる。私たちは、なるべく少ないコストで、パフォーマンスの高い友だちを効率よく探そうと考える。しかし、そんな人がそう簡単に見つかるわけではない。相手がどのような人でどんなことを考えているかは、会って話してみなければなかなかわからない。

そうした問題を解消し、「最適な」友人を探す手間を省いてくれる魔法の道具を、私たちはついに手に入れた。第三章で取り上げた情報通信ツールである。

情報通信ツールは、私たちに常時接続のつながりをもたらし、コミュニケーションにまつわるグレーな領域を撤廃しただけではなく、私たちが何かを調べる能力を飛躍的に向上させた。一九九〇年代半ばにアメリカで開発されたＹａｈｏｏ！やＧｏｏｇｌｅなどの検索エンジンの普及をきっかけに、人びとの「調べる」行為は激変の一途をたどっている。

検索エンジンが登場するまで、私たちは何かを調べるためには、辞書や事典、専門書を使うか、その話題に詳しい人に聞かなければならなかった。検索エンジンの登場により、私たちは、誰もが必要な情報に直接アクセスできる環境を手に入れたのである。

意見の合う人を求めて

検索の対象となるのは、知らない言葉やお店の情報だけではない。二〇〇〇年代に入ると、携帯電話がインターネットに本格的につながるようになった。誰もが携帯電話やスマートフオンをもち、そこにソーシャル・ネットワーキング・サービス（SNS）が実装されることで、私たちは人の検索も容易にできるようになったのである。

たとえば、筆者の勤務する早稲田大学では、受験に合格した新入生は、SNSで「#春から早稲田」というハッシュタグで検索をかけて、同じ大学・学部に入学する人を事前に探してゆく。検索をかけることで、効率的に同じ境遇の人、すなわち、同じ年に同じ大学の入学式に参加する人を探すことができるのである。あらかじめ、同じ場に行く人を確保しておけば、入学式のときに、一人になるリスクを回避できる、という算段だ。

この機能を使えば、かりに世論に反する意見をもっていたとしても、同じ考えの人を探すのは容易である。たとえ風変わりな考えをもっていたとしても、リスクなく同じ考えの人を探し出し、安心して胸の内を明かすことができるのである。検索をつうじた人の探求は、コスパの高い手段と言えよう。

純化した集団

珍しい趣味や嗜好《しこう》、あるいは、多数派ではない考えをもつ人にとって、検索の機能の充実は、嬉しい知らせであった。これまで、身の回りの人には、なかなか共感してもらえなかった悩みや考えを共有できる喜びは、ひとかたならぬものであろう。多様性を受け入れるという観点からも、検索の機能は大いに役立っている。

しかし、物事にはよい面もあれば悪い面もある。多様性の確保にプラスにはたらくように見える検索の機能は、多様性にマイナスにはたらくこともある。あまりに優れた検索の機能は、私たちから多様な考えに触れる機会を奪ってしまったのである。簡単に説明しよう。

現在の検索システムは、同じ考えをもつ人びとを、他の意見の干渉もなく直接結びつける機能を備えている。そのため、つながりを結ぶ過程で、多様な考えに触れる機会はなかなか得られない。たとえるなら、紙の辞書と電子辞書のような違いが存在する。

紙の辞書は、目当ての言葉を調べる過程で、他の言葉も必然的に目に入る。そこで、今まで知らなかった言葉に触れることもある。一方、電子辞書は、検索した言葉の意味のみを提示するため、それ以外の言葉に触れる機会はない。

検索システムを使った出会いも同様である。仲間を見つける過程で、他の人に出会う機会がない検索をつうじた出会いは、似通った人たちを結びつけ、それ以外の人を排除する性質がある。

検索をつうじて結びつけられた集団は、固有の意見で凝り固まった、「純化した集団」とでも呼びうるものである。ある立場で純化した集団に所属すると、それ以外の多様な意見に触れるのは難しくなる。

コスパの高い探索手段である検索の充実は、純化した集団を生み出し、社会に分断を生み出す可能性をもっている。昨今の政治思想の対立の背景に、インターネットの影響を指摘する研究者も少なくない。検索に頼った友人関係は、個々人の考えを凝り固まらせるリスクを備えているのである。

マッチングアプリの活用

とはいえ、友だちづくりの基本は、相変わらず対面にあると言えよう。検索によって友だちを探す人は、まだまだ少数派である。

一方、友人と同様に、相手への感情を軸に形成される恋愛関係には、検索のシステムがかなり浸透している。恋人探しや結婚相手探しを目的としてマッチングアプリを利用する人は少なくない。サイバーエージェント社の子会社であるマッチングエージェント社（現・株式会社タップル）は、マッチングアプリ市場の規模は、二〇二四年には一〇〇〇億円くらいまで伸びるだろうと予測している。

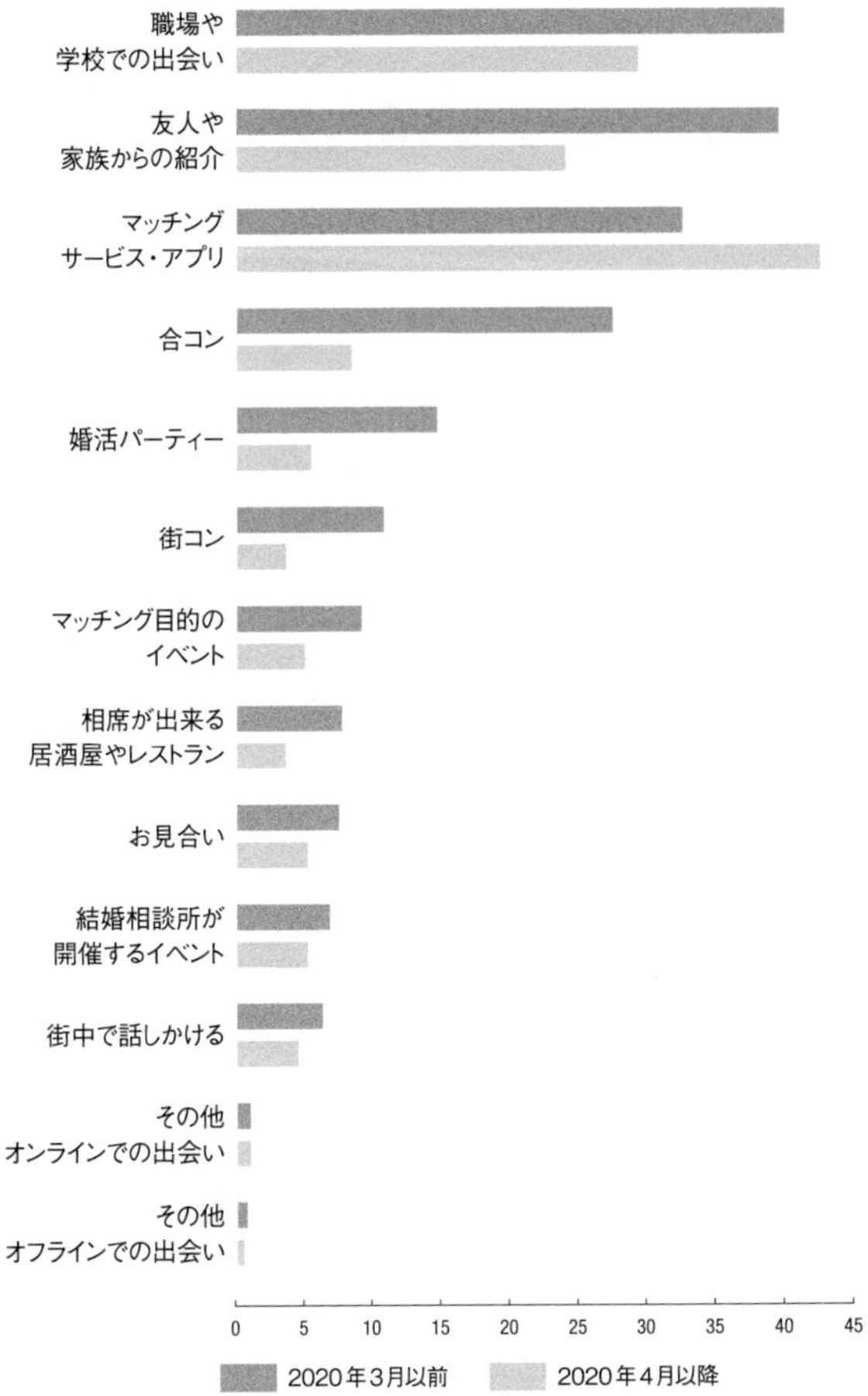

図18　恋人探しをする手段

（MMD研究所『2021年マッチングサービス・アプリの利用実態調査』から）

ＭＭＤ研究所は、二〇二一年九月にマッチングサービス・アプリの利用実態調査を行っている（図18）。予備調査の対象者はスマートフォンをもつ二〇〜四九歳の独身男女、本調査の対象者はマッチングサービス・アプリ利用経験者である。

この調査では、まず、新型コロナウイルス感染症の流行による一回目の緊急事態宣言前後の二〇二〇年三月以前と二〇二〇年四月以降で、恋人探しをしたことがあるかどうかを尋ねている。この質問に「ある」と回答した人は、二〇二〇年三月以前は三三・〇%、二〇二〇年四月以降は二一・七%であった。

次に、恋人がいる人に対して「恋人探しをする際の出会いの場所や手段」を尋ねたところ、マッチングサービス・アプリを選択した人は、二〇二〇年三月以前は三二・七%、二〇二〇年四月以降は四二・六%とかなりの数に上っている。

同じ質問に対して「職場や学校での出会い」「友人や家族からの紹介」を選択した人は、二〇二〇年三月以前は四〇・一%と三九・六%、二〇二〇年四月以降は二九・四%と二四・〇%になっている。コロナ禍の影響を受けているとはいえ、恋人探しをするにあたり、かなり多くの人がマッチングアプリを利用していることがわかる。

アプリを使う大学生

実際に大学生に話を聞いても、マッチングアプリを利用している人は少なくない。そんななかで興味深い話を耳にしたことがある。

大学生がマッチングアプリを利用する理由のひとつに「告白のリスクの回避」があげられる。海外では事情は異なるようだが、日本では、ある人たちが恋人として交際するには、どちらかによる告白を経由しなければならない。

恋愛の開始に欠かせない告白には、いくつかのリスクが存在する。まず、断られる可能性がある。告白したからと言って、必ずしもそれを受けてもらえるわけではない。相手から断られる心理的なダメージは、告白した人を苦しめることだろう。

また、かりに断られた場合、その後の人間関係に影響がおよぶ可能性もある。大学のゼミのなかで気になる人が現れ、告白した状況を考えてみよう。意を決しての告白だったのだが、残念ながら思いはつうじず振られてしまう。

同じゼミの場合、告白が終わったからと言って、そこで関係そのものが終わるわけではない。振られた後にも、告白した相手あるいは、ゼミのメンバーとの関係は続いてゆく。そのときの気まずさはなんとも言えないものであろう。

他方、かりに首尾よくつきあえたとしても、別れた後に気まずさが残るのは変わらない。同じ集団のなかでの告白や交際は、失敗したときのダメージが大きいのである。

マッチングアプリを使えば、このようなリスクを回避することができる。情報通信ツールで検索した相手に振られるダメージは、それほど大きくないだろうし、その後に相手を含む誰かと関係が続いて気まずさを感じることもない。

もちろん、検索で出会った相手と真剣に交際した後に別れることになれば、辛い気持ちになろう。しかし、交際開始の儀式である告白の重みはかなり減らすことができる。ともすれば、「つきあえればもうけもの」という軽い気持ちで告白することもできる。まさに、コスパを意識した恋愛方法である。

相手と向き合う機会の喪失

検索によるリスクの回避は、そのときにはよいかもしれないが、のちのち人びとにマイナスのはたらきをもたらす可能性がある。「同じ集団だとのちに気まずくなるのがイヤだから告白しない」という姿勢をつらぬけば、目の前の人と向き合う機会はますます減ってしまう。

同時に、人との摩擦をコストと見なし、摩擦の回避ばかりを意識していれば、誰かと深い関係を築くことも難しくなる。率直に言ってしまえば、摩擦を経験することなく、誰かと深い関係を築いてゆくことなど不可能である。当初の摩擦をクリアすれば、のちに豊穣な関係を築ける可能性もあるのだ。

簡単に意中の相手に到達することができるマッチングアプリや検索システムは、たしかに便利だ。あらかじめ友人や恋人になることを想定した出会いは、「形から入る」関係性の典型とも言えよう。

忘れてはならないのは、そのようにして出会った相手であっても、深い関係を築くには、結局のところ、何らかの摩擦を経験しなければならない、ということだ。便利な検索ツールを利用し、コスパを意識して対人関係の付け替えを繰り返していると、摩擦を経て関係を築く耐久力が減退してしまう。

出会いと別れを簡便化した検索のシステムは、コスパ感覚を高める一方で、「真の友情」を遠ざけてしまったのである。

5　格差化するつながり、失われる居場所

選ばれる人、選ばれない人の選別

次に、人づきあいにコスパの原理を持ち込むことの弊害について考えてみよう。

人づきあいにコスパの原理を持ち込むことの弊害としては、つながりの格差を生んでしまうこと、ゆとりあるコミュニケーションが失われてゆくことの二点があげられる。

人びとが集団的につながっていた時代、つながりの多寡《たか》と、個々人が保有する資源の量には、あまり強い関連はなかった。人びとは、いずれの階層に所属しようとも、それぞれが所属する層の人間関係に取り込まれていた。

人びとを特定の人間関係につなぎ止める力が弱まり、人づきあいに自己選択の原理が強調されるようになると、つながりのありようは変わってくる。人びとは、自分にとって役に立つか否かを基準につきあう相手を選ぶようになる。

人間関係を自由に選んでよいと言われれば、多くの人は、自分にとってプラスになる、す

なわちコスパのよいと思われる人とつきあいたがるものだ。

つながりにコスパの原理が導入されると、相手から見て魅力的な資源を多くもっている人ほど、パフォーマンスが高いと見なされ、友だちや交際相手に恵まれるようになる。反対に、そうした資源をもたない人は、コストが高いとしてつながりから排除されてゆく。

貧困研究者の岩《いわ》田《た》正《まさ》美《み》は、戦後から一九六〇年代半ばと現代の貧困者の状況を比べて次のような意見を述べている。

> 戦前、あるいは戦後一九六〇年代なかばにかけての貧困は、農村全体が貧困であったり、都会でも場所によって貧困の集中する地域がありました。そのなかで、隣人同士や大人数の世帯内の助け合いがあり、貧困地域ならではの社会的な関係が形成されていたといえます。当時は、貧困と孤立が必ずしも結びついていなかったわけです。一方で現代では、単身世帯が増え、世帯規模が非常に小さくなり、隣人との関わりがないという人もいます。個々人が社会のなかにぽんと放り込まれているような状態、つまり、社会関係が非常に希薄です。
>
> （岩田正美・平《ひら》田《た》厚《あつし》「現代の孤立死から見えてくるもの『月刊福祉』九五巻一一号）

ここで岩田は、一九六〇年代半ばの貧困は孤立とは結びついていなかったと述べている。人づきあいと生活が密接な関連をもっていた一九六〇年代、貧困地域には「貧困地域ならではの社会的な関係が形成されていた」のである。

一方、論文の書かれた二〇一二年は、人と人との関わりが減少し、「個々人が社会のなかにぽんと放り込まれているような状態」になっている。誰かとつきあうためには、自らが積極的に動くとともに、相手をつなぎ止める資源を充実させねばならない。

資源の量に応じた選別が進んでゆけば、友だちがたくさんいる人、あまりいない人、あるいは友だちがいる人、友だちがいなくて孤立している人、といった格差は拡大してゆく。コスパの時代には、つながりの格差が拡大するのである。

頼ることのできない日本人

つながりの格差が懸念される一方で、友だちの人数の差が広がっている事実を示す統計的なデータは、管見《かんけん》のかぎり見当たらない。また、孤立している人が増えているかどうかについても、明確に「増えている」と言い切れるほどのデータはそろっていない。

しかし、国際的に見て日本人は孤立しやすい傾向にある、ということは言えそうだ。有名なところでは、一九九九年から二〇〇二年の『世界価値観調査』の結果をもとにしたＯＥＣＤ（経済協力開発機構）の調査報告があげられる。

この報告では、ＯＥＣＤ加盟二〇ヵ国の「友人、同僚、その他宗教・スポーツ・文化グループの人とまったく、あるいはめったに付き合わない人」の比率がまとめられている。日本は、「友人、同僚、その他宗教・スポーツ・文化グループの人とまったく、あるいはめったに付き合わない人」の比率が一五・三％と二〇ヵ国中トップであった。

同じように有名なのが、ユニセフがＯＥＣＤ諸国の一五歳の生徒を対象に、二〇〇三年に行った調査の結果である。「寂しいと感じる」（I feel lonely）という質問文に「あてはまる」と答えた人の比率は、一位の日本が二九・八％、二位のアイスランドが一〇・三％と、諸外国の生徒に比べると日本の生徒がダントツに多くなっている。

これらのデータは少し古いので、もう少し最近の調査結果も確認しておこう。じつのところ、本書の読者は、すでに、日本に住む人が、諸外国の人に比べ孤立している事実は確認済みである。

第二章では『我が国と諸外国の若者の意識に関する調査』と『高齢者の生活と意識に関す

る国際比較調査』の結果を紹介している。この二つの調査において、日本人は若年層・高齢層問わず、諸外国の人びとに比べて、悩みや心配ごとを相談する人や頼れる人を確保していないことが明らかになっている。人間関係にコスパの原理を導入すれば、コストと見なされ、つながりからあぶれる人は少なからず出てくるのである。

コスパ志向で格差化する婚姻

結婚については、格差化の傾向を指摘することができる。この点について、国立社会保障・人口問題研究所の『出生動向基本調査』の「自分の一生を通じて考えた場合、あなたの結婚に対するお考えは、次のうちどちらですか」という質問への回答と、第一章で紹介した五〇歳時未婚率の数値を対比しつつ確認してゆこう。

図19は国立社会保障・人口問題研究所の『出生動向基本調査』の「自分の一生を通じて考えた場合、あなたの結婚に対するお考えは、次のうちどちらですか」という質問に対して、独身者で「いずれ結婚するつもり」と答えた人の推移を表している。

この結果を見ると、人びとの結婚願望はそれほど変化しておらず、かつ、高止まりしていることがわかる。一九八二年には、男性九五・九%、女性九四・二%だった結婚願望は、や

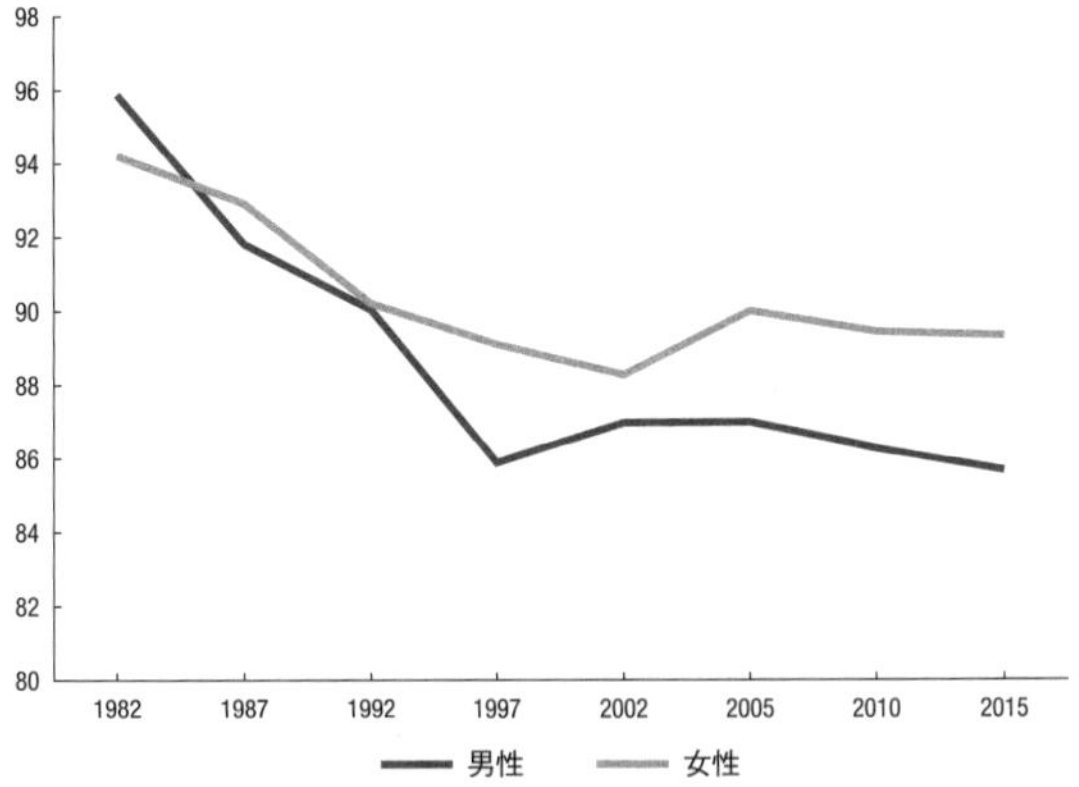

図19　結婚を希望する人びと（「出生動向基本調査」より）

や下がっているものの、二〇一五年でも、男性で八五・七％、女性で八九・三％もある。

　多くの人が結婚願望を抱くなか、結婚していない人が年々増えているという事実は第一章で確認したとおりである。五〇歳時未婚率は、男性は一九八五年から、女性は二〇〇五年から一貫して増え続けている。

　結婚願望の強さはあまり変わらない一方で、未婚率は増え続けている。この事実をあわせて考えると、日本社会には、結婚を望んでいるものの、結婚しない（できない）人が増えてきていると結論づけられる。

　結婚を望んでいてもできない人が一定数いるという事実に加え、結婚している人としていない人の違いを考慮すると、さらに残酷な事実が浮かび上がってくる。

結婚の研究では、結婚している人としていない人との違いも検討されている。これらの研究を見てゆくと、結婚している人としていない人の違いとして、男性であれば経済力や学力、女性であれば容姿（体型など）や年齢の差が指摘されている。経済力や学力、容姿や若さといった「資源」のない人が婚姻というつながりからふるい落とされているのである。

一九八五年以前の日本社会は、五〇歳時未婚率が五％未満の皆婚社会であった。結婚を望むほぼすべての人が婚姻というつながりのなかに入ることができていた。つながりの流動化した現代社会は皆婚の時代とほど遠い状態にある。

つながりじたいが資源の色合いを強めてゆけば、当然ながら、資源を多くもつ人がつながりに恵まれ、資源をあまりもたない人はつながりから排除されてゆく。コスパ化が意識されている日本社会では、つながりの格差が深刻になっているのである。

生きづらいからこそ居場所を欲する

人づきあいにコスパの原理が持ち込まれることによる第二の問題は、「ゆとり」のあるコミュニケーションの喪失である。

人づきあいにおいてコスパ、すなわち合理性の要素が強まると、目的から外れた会話をするのが難しくなる。合理性を軸に会話が組み立てられると、会話の中心は目的とその結果をもとに構成されるようになり、目的から外れた会話は「無駄」と見なされてしまう。

コスパを重視して話題を使い分けている女子学生の事例は、その典型である。趣味の友だちと学校の話をするのは、彼女にとって「時間の無駄」でしかない。のちほど触れてゆくが、飲みニケーションを無駄と見なす姿勢も、同様の視点でとらえることができる。

合理的な計算を軸に築かれた友人関係は、一定の人とのつながりを「無駄」と見なし排除するだけでなく、会話の内容までも規定してしまう。合理性を軸に生きる人びとは、相手の発する「無駄」な会話を忌避し、自らも「無駄」な会話をしないよう心がける。

しかし、人はつねに合理的に行動できるわけではない。むしろ、損得を計算せずに過ごせる場所にこそ居心地のよさを感じたりもする。会話のなかに効率のよさを求めすぎてしまうと、会話を脱線する「余白」や雑談を受け入れる「ゆとり」が失われる。

そして、コスパの原理を追求した対話は、コスパを意識するゆえに、相手を受け入れる余地の少ない息苦しい場に転じてしまうのである。

「形から入る友人」関係のなかで、場の空気を乱さないよう自らを取り繕い、コスパの原理からふるい落とされないように会話を調整する。このような友人関係のなかにいれば、「一人になると落ち着く」と考えるのも無理もない。

現代社会を読み解くキーワードとして、「居場所」や「生きづらさ」という言葉を頻繁に耳にする。この言葉はコインの裏表のような関係にある。現代社会が生きづらいからこそ、居場所が必要になるのである。

つきあう相手をコスパの原理で判断する社会では、自らもコストの側に回るリスクをつねに背負わされている。自らがコストに回らないよう、必死になってパフォーマンスを向上させながら友だちづきあいをする。このような状況はけっして心地よくはあるまい。

パフォーマンスを求められ続けることに疲れを感じた人は、結果として、パフォーマンスと関わりなく自己を見てくれる場、認めてくれる場を欲するようになる。昨今の居場所や生きづらさの議論の流行の背景には、このような社会状況が影響しているのである。

6　コロナ禍が変える友人関係Ⅰ——接触の選別

コロナ禍とコスパ化の進む友人関係

二〇二〇年三月あたりから、日本社会でも新型コロナウイルス感染症が猛威を振るいだした。同じ年の四月には緊急事態宣言が発出され、社会活動はかなり制限されていった。その後も宣言は複数回出され、二〇二二年に入っても、事態は収束していない。

コロナ禍は、私たちが取り結ぶつながりのあり方に、きわめて大きな影響をもたらした。人との接触や懇親は「不要不急」の範《はん》疇《ちゅう》に入れられ、接触をなるべくひかえるよう要求された。政府の求める「新しい生活様式」では、人との距離をおいたり、マスクを着用したりと、とかく他者と深く接しないことを求められた。

コロナ禍、あるいは、コロナ後の人間関係を考えるにあたって重要なのは、つながりが資源の色合いを強めているただなかにコロナ禍に襲われたということである。

「新しい生活様式」や「不要不急」が声高に叫ばれるとともに、私たちは「人間関係の棚卸し」をいっせいに始めた。なかなか人と会えないなかで、それでも会うべき人はどのような人なのか、国民全員がいっせいに考え出した。

その結果、直接会うに足る魅力のない人は、つながりから排除されていった。まさに「接触の選別」とでも言うべき現象が、この二年半の間で引き起こされたのである。

飲みニケーションの受難

「接触の選別」が進んだことで、コストに見合ったパフォーマンスを発揮できないつきあいは、よりいっそう「無駄」と見なされる傾向が強まった。その典型のような調査結果が日本生命保険から提示されている。

日本生命の調査は、二〇二一年一〇月にインターネット上で実施され、七七七四人の男女が回答している。注目を集めたのは、「職場の方との〝飲みニケーション〟は必要だと思いますか?」という質問に対する回答である。

この質問に「必要」と答えた人は一一・一%、「どちらかといえば必要」と答えた人は二七・一%おり、両者を合計しても三八・二%にとどまる。一方、「どちらかといえば不要」と答えた人は二五・〇%、「不要」と答えた人は三六・九%にまで上る。「どちらかといえば不要」と「不要」の合計は六一・九％である。

「どちらかといえば不要」と「不要」の合計が「必要」と「どちらかといえば必要」の合計を上回ったのは、調査が始まった二〇一七年以来、初めてのことである。さらに注目すべきは、「不要」と答えた人が突出して多いことだ。

この結果は、コロナ禍をつうじた人間関係の棚卸しの実情を示している。人と会うことじたいが「不要不急」の範疇に入れられ、誰もが直接会って話すべき人を吟味した結果、飲みニケーションは不要の範疇に入れられてしまった。

コロナ禍で人と思うように会えなくなった時間は、人びとの孤独感を喚起し、人とのつながりの重要性を再認識させてくれた。その一方、コロナ禍でつながりの棚卸しに要した時間は、「今までとくに考えずつきあっていたけれど、よくよく考えると無駄だと思えるようなつながり」を浮かび上がらせてしまったのである。

コロナ禍を経て、人びとが「会いたい」と思う人とだけ会う傾向は、ますます加速するはずだ。このような社会は、つながりの資源としての要素をいっそう際立たせ、つながりの格差をさらに広げてゆく。

会いたい人とだけ会うようになれば、多様な意見に触れる機会もますます減ってゆくだろう。人は想定しない出会いを経験するからこそ、多様な価値観や意見に触れることができるのである。人間関係の激変期を生きる私たちは、その点にもっと留意する必要がある。

つながりの薄い人はより厳しい状況に

コロナ禍により、もともとつながりの薄い人は、さらに深刻な状況に陥っていった。「接触の選別」をつうじて、孤立にいたらず踏みとどまってきた人びとの居場所は、深く傷つけられてしまったのである。たとえば、次のようなケースを思い浮かべてほしい。

親しい人と会わなくてもとくに気になることはない、という人も一定数はいる。なじみの飲食店に通うこと、ショッピングモールに赴くことなどにより、気分転換をしている人もいるだろう。

コロナ禍によって、なじみのお店、なじみの場所に行き、おたがい名前は知らないものの、顔は知っている。そんな緩やかな接触をつうじた、会話を交わさないコミュニケーションは、難しくなった。

飲食店の時短営業のさなか、私の知人は、お店にも行けないため、毎日自室でコンビニの弁当を食べていた。お店にも行かず、一人自室で弁当を食べる生活は精神的に厳しかったと語っている。

その知人は結婚もしておらず、転勤族のため、地縁も存在しない。人と会うことを「不要不急」とされてしまうと、知り合いていどの人を軽い気持ちで誘うのもはばかられる。結果として、さびしさを抱えたまま、自室で一人弁当を食べる以外の選択はない。

ＮＰＯなどによる居場所や相談場所の運営も停滞している。子どもの居場所として機能していた子ども食堂の多くは、新型コロナウイルス感染症の流行により休業を余儀なくされた。対人接触を要する見守りの試みも、密を避けるという理由で滞《とどこお》り気味である。

コロナ禍が収束しても、集団のメンバー全員を対象とした懇親会は、今までのようには開催されないだろう。先ほどの飲みニケーションの調査からもわかるように、懇親会はやりたい人だけやればよいという考えが強まっているのである。

しかし、とくに積極的に誰かを誘うことはなくとも、全体の懇親会があったからつながりの輪に入り込めていた、という人も少なからずいるはずだ。誰もがつながりのために積極的に動けるわけではないし、積極的に人を誘うのに疲れを感じる人も多い。

メンバー全員を対象とした懇親会は、そうした人がつながりを保つにあたり、重要な役割を果たしていた。懇親会を無駄と見なすようになってしまえば、そうした人はひっそりと、つながりの輪から外れてゆくであろう。

新型コロナウイルス感染症の流行により、もともとつながりの基盤の薄かった人は、ますます苦境に立たされるようになったのである。

7　コロナ禍が変える友人関係Ⅱ――オンラインの文化としての浸透

オンラインのさらなる浸透

コロナ禍が押し進めたもうひとつの現象が、オンライン化の浸透である。第三章でも指摘したように、今や日本国民の大多数が携帯電話またはスマートフォンをもっている。端末には連絡・通話用のソフトが実装され、安定的な電波網がそれを支えている。

このような環境のもと、多くの人が端末をとおしてソトの世界に常時接続し、いつでもどこでも連絡をとれる体制は、コロナ前には整っていた。実際に、日本国民の多くは、ＬＩＮＥをつうじて常日頃から連絡を取り合っている。

常時接続の環境が整っていたとはいえ、私たちの多くは、人と直接会って話をすることをオンラインの交信よりも「よいもの」と見なしていた。コロナ前は、人と直接会わずに交流する環境は、技術的には整っていたものの、文化的にはまだまだ受け入れられていなかったのである。

しかし、コロナ禍は、オンラインにまつわる時計の針を一挙に進めてしまった。人との接触を「不要不急」と見なした「新しい生活様式」は、オンラインの交流を文化としても「許容しうるもの」として浸透させたのである。

人との接触が「不要不急」と見なされたコロナ禍において、日常生活は、オンラインの実効性を試す壮大な社会実験の場となった。二〇二〇年四月の最初の緊急事態宣言のもと、人びとは、対面で行ってきたさまざまな物事をオンラインに置き換えていった。

さまざまな物事をオンラインに置き換えたことで、人と直接会うことの価値が見直された向きもたしかにある。しかしながら、オンラインの交流・交信が私たちの生活に浸透してゆく流れは止まらないだろう。

オンラインの利点・対面の利点

理由は簡単だ。オンラインは対面に比べはるかにわかりやすい利点をもっているからだ。オンラインの利点を尋ねられると、多くの人が、移動の手間が少ない、出張費用がかからない、遠隔地に住む・障害があるといった何らかの不利な条件を抱える人でも利用できる、好きな時間・場所で見られる・参加できる、といったことをあげるだろう。

一方、対面の利点はどうだろうか。なかなか思いつかないという人もいるだろう。深い対話ができる、雑談ができるといった特性をあげる人もいるかもしれない。しかし、その点を証明するとなるとことのほか難しい。対面の利点はオンラインの利点に比べると、証明しづらいのである。

かりにあなたが管理職についているとしよう。あなたは、会議を対面で行ったほうがよいと考えている。一方、チームのメンバーはそう考えていない。むしろ、時間やコストの面からもオンラインのほうがよいと考えている。

こうしたときにあなたは、チームのメンバーを説得できるだろうか。メンバーから「オンライン会議でも対面と遜色《そんしょく》なくできます。むしろコストの面で優れています」と言われてしまうと言葉に窮《きゅう》するだろう。

長期的な影響はわからないものの、目先のコスト計算ならば確実にオンラインのほうに軍配が上がる。他方、対面の効果は曖昧だ。だからこそ、オンラインの交流・交信が私たちの生活に浸透してゆく流れは止まらないのである。私が所属する早稲田大学でも、ほぼすべての授業が対面で行われていた二〇一九年以前の状況に戻ることは、おそらくない。

加速する「接触の選別」

オンラインが文化として浸透したさいの注意点は二点ある。第一は「接触の選別」の加速化である。

人びとが対面の交流をオンラインに置き換えてゆけば、次は、どの部分に対面を残し、どの部分をオンライン化させるかという検討が始まってゆく。

合理的なコスト計算を行動軸とする営利企業では、すでに相当程度の検討がなされている。オンラインの交流・交信を導入すれば、移動時間や旅費といった直感的にわかりやすいコストの削減効果を見込めるからだ。

大学も同様だ。二〇二二年現在、文部科学省は、オンライン授業による卒業単位の上限を六〇単位に定めている。この制限の撤廃を求める要求が出されている。初等教育、中等教育でもオンラインの導入は避けられまい。

オンラインの交信が浸透してゆけば、私たちは人と直接会うにあたり、会うに足るだけの理由を求められるようになる。その結果、直接会うに足るような魅力を備えている人だけ、対面接触のなかに残されてゆく。

それと同時に、私たちの交流は、ますます、目的・結果ベースでとらえられるようになる。会うに足る理由、すなわち会う目的を用意できない人は、交流の輪から撤退するしかないのだ。

人間関係のオンライン化が進んでゆけば、人づきあいには、合理的コスト計算の論理が否応なく浸透してゆく。一見すると便利な社会は、コスト計算がはびこる生きづらさの増す社会にもなりうるのである。

主流になる非対面の交信

第二は、非対面の交信の主流化とでも言うものである。第三章で確認したように、人類は、長い歴史において、顔の見える人たちとの交信をもとに生活を営んできた。生活のほぼすべてが、顔の見える人たちとの交信で成り立ってきたと言っても過言ではない。

一九九〇年代に入ると、情報通信ツールの爆発的な普及により、かつてないほどの勢いで目の前にいない人との交流が生活のなかに入り込んでいった。オンラインの交流が文化としても許容された現在、この傾向はますます加速してゆくだろう。

コロナ禍をつうじて、非対面の交信を確立するツールをつくった企業には、莫大な利益がもたらされることが明らかになった。ビデオ会議システム「Ｚｏｏｍ」を提供するズーム・ビデオ・コミュニケーションズの日本法人では、二〇二二年一月期の売り上げが、「一年で約一〇倍になり一〇〇億円を超えた」（佐賀文宣・カントリーゼネラルマネージャー）という。

資本主義社会では、他社に先駆けて商品やサービスを開発し、世に送り出すことこそが肝要である。各国の政府がこぞって規制を敷かないかぎり、開発と販売の競争は続いてゆく。ＩＴ業界の巨人Ｆａｃｅｂｏｏｋは、二〇二一年一〇月、仮想空間を表すメタバースにあやかり、社名をＭｅｔａ Ｐｌａｔｆｏｒｍｓ（メタ・プラットフォームズ）に変更している。近い将来には、仮想空間で友だちと会うのが当然になる時代がくるかもしれない。

しかし、対面の効果がはっきりと見えていないまま、オンライン化に突き進むのは危険である。たしかにオンラインの利点はわかりやすく、対面の利点はわかりにくい。だからといってそれがオンライン化を進める理由にはならない。

そもそも、コスト計算のように、すべての物事を計算できるという発想は、もう少し見直されたほうがよい。現時点で計算しきれないところに、重要なものが隠れていることもあるのだ。そして、いったんオンラインに置き換わったものを取り戻すことはほぼ不可能である。日常生活がオンラインに置き換えられた時点で、世界および人類は変わってしまっている。変わった社会を生きる私たちが、過去を懐かしんで再構成したものは、けっして「かつて」と同じものにはならない。ゆえに過去の再現は不可能なのである。

コロナ禍をつうじて進んでしまった時計の針を戻すのは難しいかもしれない。それならば、現状をもう少し精査するくらいまで、時計の針は止めておいたほうがよい。そのように考えるのは慎重に過ぎるだろうか。

第五章 「形から入る友人」関係を超えて

1 「形から入る友人」に光明はないのか

現状を見つめ直す

ここまで、友人関係・人間関係についてさまざまな側面から検討してきた。本書の最終章となる第五章では、これまで検討してきたことをふまえ、「友人・友だち」概念とどのように接し、どういった人間関係を築けばよいかを検討しよう。

「形から入る友人」関係には、関係の喪失を恐れるあまり対立や否定的な交流を避ける傾向と、関係の選択肢が拡大したゆえに、相手を資源と見なし、コスパを重視する傾向が見られた。また、情報通信環境が整うことで、顔の見えない人との交流や、ネット検索をつうじたつながりづくりが広まってきた。

これらの傾向はそう簡単には変わるまい。人びとがかつての農村社会のように、閉鎖的で強固な人間関係に取り込まれるとは考えがたいし、突如としてネット環境を放棄するとも思えない。

戦後の日本社会は、村落的・共同体的なつながりを、前近代的・封建的と見なし、そうした社会を克服することを目標としてきた。物的豊かさの獲得と、人権思想の浸透により、私たちは「かつて」よりも「しがらみ」の少ない社会を生きられるようになった。

したがって、多少さびしさを感じようと、つながりを失うリスクがあろうと、私たちが「かつて」のように強固なつながりのなかに取り込まれることはないだろう。むしろ単身世帯化が進んでいるのが実情だ。

コスパ志向についてはは、そもそも、「結果としての友人」関係が理想とされた時代にも存在していた。アリストテレスは、有用性による友愛も友情のひとつと考えていたのである。人が成功や幸福にとらわれるかぎり、それを実現するにあたって合理的な経路を意識するのは必然である。

ネット環境についても、全世界的に歩調を合わせて規制をかけないかぎり、使用が抑制されることはまずない。むしろ、覇権獲得を目指した開発競争が地球規模で続き、ネット環境が今後もさらに整備されてゆくのはほぼ確実である。

コスパ志向や情報通信端末とのつきあい方については、たしかに見直しも必要だ。しかしながら、そうしたことをいったん受け入れたうえで、友人概念との接し方を考えてもよい。

「形から入る友人」と友情

そこでまず、「形から入る友人」関係は、「真の友情」には発展し得ないのか否かについて検討してみよう。これについては「発展しうる」と結論づけられる。友人関係が形から入るものになったからといって、友だちという形を保つよう気を遣い合っているばかりではない。また、コスパを意識して、つきあう相手を値踏みしている人ばかりでもない。

学生に現代社会の友人関係の話をすると、賛同の声があがる一方で、「そんなことはない。私には本音で話せる友だちもいる」という反論も耳にする。また、第二章で確認したように、今どきの若者であっても、親友は三、四人はいる。こうした事実から、今どきの若者に孤立傾向が見られるといっても、相手と向き合い友情を育む人もいると言えるだろう。

メディアに目を向けると、朝日新聞の読者投書欄『声』では、二〇一八年、「私の親友」という特集が組まれている。特集では多くの人びとの友情の物語が投稿されていた。

「半世紀以上もの間、就職や結婚、子育てとお互いの人生を歩みながら、いつでも、あの小学生だった頃の間柄で語りかけることのできる、大事な大事な親友だと思っています」（朝日新聞二〇一八年一二月一五日朝刊）という投書は、二〇一〇年代後半であっても、友情を育む人がいることを物語っている。

たしかに、本書冒頭で引用した『ズッコケ三人組』の著者、那須正幹さんが指摘したように、現代社会において、友情で結ばれたつながりをもつ人はそう多くはないのかもしれない。だが、古代ギリシア以来の友情論で確認したように、「かつて」であっても「真の友情」に彩られた関係は貴重なものであり、奇蹟の産物ととらえられていた。

この点を考慮すると、「いま」の社会が「むかし」の社会に比べ、友情を仲立ちとした友人関係が少ないとは、そう簡単には結論づけられない。

昔も友人関係はもろかった

以上の議論をふまえたうえで、次に、「かつて」の友人関係は永続的でもろくなかったのか、ということについても確認しよう。

結論を先取りすれば、「かつて」の友人関係であっても、相応にもろさを抱えていたと言える。奇蹟の産物ととらえられるほど、手に入れることの難しい友人関係を築けたとしても、破綻《はたん》してしまうことはあったのである。

この点については、ドイツの哲学者フリードリヒ・ニーチェの『喜ばしき知恵』におさめられた「星の友情」という文章に美しくつづられている。感動的でどことなく勇気づけられる文章なので、一部引用しよう。

かつてわれわれは友人同士であったが、いまや疎遠となってしまった。しかしそれは当然のことであり、われわれはそれを恥ずかしいことのように隠し立てしたり、誤魔化したりしようとは思わない。われわれは、それぞれが自らの目的と航路をもつ二艘の船なのだ。われわれはこれからもすれ違うことはあるだろうし、これまでもそうだったように、一緒に祝祭をあげることもあるだろう。――そんなとき、この堂々たる二艘の船は、同じ港に、同じ陽光を浴びながら休息し、まるですでに目的に到達し、同じ目的を目指していたかのように見えたかもしれない。しかしやがて、われわれの任務がもつ抗いえない力がわれわれをまたしても引き離し、別々の太陽の下へ、別々の海域へと送り出し、もはや二度と相まみえることもないかもしれない。――仮に出会うことがあっても、互いに相手が誰だか分からないだろう。別々の海洋と太陽がわれわれをすっかり変えてしまうからだ！　われわれが疎遠にならなければならないというのは、われわれを覆う掟である。まさにそれによって、われわれは互いにいっそう敬意を払うに足る存在となるべきなのだ！　そして、かつてのわれわれの友情の思い出が、いっそう神聖なものとならねばならないのだ！

（フリードリヒ・ニーチェ『喜ばしき知恵』）

この文章においてニーチェは、失われる前の友人関係をたとえて、「この堂々たる二艘の船は、同じ港に、同じ陽光を浴びながら休息し、まるですでに目的に到達し、同じ目的を目指していたかのように見えた」と賞賛している。

しかし、「同じ目的を目指していたかのように見えた」船は、「仮に出会うことがあっても、互いに相手が誰だか分からない」くらいに離れてしまう。それどころか、「疎遠にならなければならないというのは、われわれを覆う掟」と強い口調で、友人どうしの別れの必然性を述べている。

ニーチェの文章にかぎらず、かつて、日本で文豪と呼ばれた文学者、小説家たちも別れと出会いを繰り返していた。石井千湖《いしいちこ》の『文豪たちの友情』には、文豪たちの激しいやり取りがまとめられている。

近世ヨーロッパの書簡を研究した高橋安光も、当時の友情について、書簡で「ちょっと批判しただけで、そのまま絶交というケース」もあったと述べている。率直に物言いをできる時代には、物言いが率直だからこそもたらされる関係の破綻もあったのである。

現代の友人関係もそこまで嘆くものではない

結局のところ、「かつて」であっても「いま」であっても、友情で結ばれたつながりができる機会はまれであっても存在するし、友人関係がもろさを抱えていることも共通していた。それならば、友人関係の有無や関係の破綻にそこまでおびえることもないだろう。かりに関係が破綻にいたったとしても、ニーチェのように「互いにいっそう敬意を払うに足る存在」になればよいのだ。

重要なポイントは、関係の流動化とともに、友人・友だち概念が蔓延し、私たちが必要以上に「友人・友だち」をつくるよう意識させられてしまったこと、その一方で、「かつて」の人びとのように、安定的な関係を下地に、友情を育むほどの時間に恵まれていないことにある。

以上の議論をふまえて私が提案したいのは、いったん、友人・友だち・友情といった概念から距離をおくことである。

2　「友人・友だち」概念を脇においておく

「友だち」を意識しない

自らが動かなければ、つながりから漏れる可能性のある時代を生きる私たちは、つながりを確保しようと肩に力を入れがちだ。つながりを確保するために、なんとか友だちをつくろうと焦る気持ちはわからなくもない。しかし、友だちを得ようと欲するほど、かえって苦しくなることもある。

友だちを得ようと意識すれば、私たちは目の前にあるつながりを逃すまいと肩に力を入れてしまう。その結果、相手の気持ちにとらわれ、つながりのなかにマイナスの材料を持ち込まないよう気を遣ってしまう。

誰かと友だちであろうと意識するあまり、相手に率直にものを言えなくなったり、逆に、おたがいをぶつけ合えるつながりがないことに目がいったり、ということは多くの人が経験する。

私自身はつながりのある相手を友だちかどうかという基準で区分しない。誰かに対して「友人」「友だち」という言葉を使うこともない。家族・親族は別だが、それ以外は「知り合い」で統一している。理由は以下のとおりだ。

友人や友だちは、「よきもの」というイメージが強く根付きすぎている。かりに、ある人を「友だち」と呼ぶようになったとしよう。誰かに「友だち」というラベルを割り振るようになると、私は相手に対して、つながりにかんするある一定の水準を満たした人と判断しているような気分になる。

このような考えにとらわれるのが非常に煩《わずら》わしいため、私は、出会った人はみな、「知り合い」と呼ぶようにしている。そうすると、出会った相手を判定するという感覚から距離をおけるので、コスパ意識を緩和することもできる。

では、私に「友だち」がいないのかというと、おそらくそんなことはないだろう。相手が私のことを「友だち」と認識してくれていることはあるだろうし、定期的に飲食をともにする「知り合い」もいる。ただ、関係性に貼り付けられたラベルに振り回されて、悩むことは疲れるので、そうしていないだけだ。

「友だち」というメッセージ性の強い概念から距離をおくことで、人と自由につきあえるようになることもある。私から見れば、「友人」「友だち」というラベルは重すぎるのである。

社会は「友だち」を意識させようとする

その一方で、社会の側から「友だち」を意識させようと圧力がかかる機会は多い。「はじめに」でも指摘したように、卒園式や入学式では、「友だちができること」「ずっと友だちでいること」を礼賛する歌が歌われている。

哲学者は友人を理想の関係性と見なし、そのようなつながりをつくることを人生の幸せととらえていた。

日常生活でも友人・友だちに触れる機会は多い。私たちは子どもと話をするさいに、「学校の友だちと仲良くしなさい」という言葉を頻繁に使う。教員もそうだろう。「友だちなんだからクラスの人とは仲良くしなさい」としばしば言う。若者の間では、友だちのいない人を「ぼっち」と呼び、見下した視線を注ぐ。

こうした行為には、出会った人、居合わせた人とは「友だち」になり仲良くするのがよいというメッセージや、「友だち」のいない人はさびしい人だというメッセージが込められている。

とはいえ、出会った人、居合わせた人すべてと「友だち」になるというのは無理な想定だ。人は頑張っても「友だち一〇〇人」などそうそうできないし、「ずっと友だち」でいられることもなかなかない。そうであるならば、「友だち」になることを求めてくる圧力とやや距離をとり、フラットな視点でいるほうがよいだろう。

まず緩やかなつながりから

その一方で、世のなかに目を向けると、つながりをつくる機会はたくさんある。趣味のサークルを探そうと思えばいくらでもあるし、趣味はお金がかかるというのであれば、ボランティア活動でもよい。多くのボランティア団体はメンバー不足に悩んでいるのが実情だ。

前の章で批判的に記述したインターネットを介したつながりも、そこに頼りすぎなければよいだろう。私自身も、今所属している地域のボランティア団体のことを、ネットをつうじて知った。

日常生活を送るさいに、どこかに立ち寄る習慣をつくっておくのも効果的だ。お酒やコーヒーが好きならば、居酒屋やスナック、カフェの常連になるという手もある。

そのさい、重要なのは、交流やつながりづくりを目的とした集まりは、なるべく避ける、ということだ。交流やつながりづくりを重視した場では、「友だち」感覚が醸成され、肩に力が入りやすくなる。

ゆえに、何らかの活動をベースに定期的に参加できるものがよい。交流以外の目的で定期的に参加してゆくなかで、仲良くなってゆく、あるいは、仲のよい人ができたらもうけもの、くらいがちょうどよいのである。まず、「友だちになる」「友だちをつくる」という考えを脇におき、人のなかに入っていくことこそが肝要である。

3　「新しい」コスパ志向のススメ

コスパ志向の見直し

コスパ志向についても、今一度触れておこう。

本書では、コスパ志向について、ほぼ一貫して批判的に記述してきた。しかし、そうはいってもコスパ志向を取り除くことはかなり難しい。

人間が競争での勝利や幸せを目指す生き物だと仮定すれば、目的を達成するために合理的に考えるのはごく自然なことだ。私も「無駄だ」と思えることは、できるかぎりやりたくない。

そこで提案したいのがコスパ志向の見直しである。この点を検討するうえで、非常に参考になる事例がある。第一章でも紹介した、同じ相手とゲームを繰り返す反復囚人のジレンマゲームを用いた事例だ。

アクセルロッドの実験

アメリカの政治学者ロバート・アクセルロッドは、ゲーム理論の研究者に呼びかけて、反復囚人のジレンマゲームで高得点を得られる戦略を探る実験を行った。具体的には、ゲーム理論家が持ち寄った反復囚人のジレンマゲームのプログラムを総当たりで対戦させ、いちばん高い得点を獲得するプログラムを探り当てようとしたのである。

参加したプログラムは、ゲーム理論の専門家が作成したものだけあって、手の込んだものであった。たとえば、最初の数回は相手がどのような手を打ってくるのか見極め、それを学習して自らの選択を考えるものなどがあった。

専門家の考えたプログラムと、裏切り・協力をランダムで選ぶプログラムが、総当たりで各組み合わせ五回ずつ、平均二〇〇回ていどの反復囚人のジレンマゲームを行い、得られた得点の合計を競う形で、反復囚人のジレンマゲーム選手権は開催された。

選手権は二回行われ、第一回はゲーム理論の専門家による一五のプログラムとランダム戦略、第二回はゲーム理論の専門家による六三のプログラムとランダム戦略が競い合った。二回の選手権の優勝は同じプログラムであり、かつ、研究者にとっては意外なプログラムであった。

最高得点を獲得したのは、最初のゲームでは協力を選択し、後のゲームではすべて相手の一回前の選択を真似する「しっぺ返し（tit for tat）」と呼ばれる戦略であった。

まず相手を信頼し、言うべきことは言う

居並ぶ高度な戦略を退け、「しっぺ返し」という単純な戦略が優勝した結果は、私たちが友だちづきあいをするにあたっての重要なヒントを提起してくれる。

相手に協力することから始まり、相手が裏切らないかぎり協力を続けてゆく「しっぺ返し」戦略は、基本的には「人のよい」戦略である。このプログラムに、ゲームをつうじて相手を出し抜こうという意図はまったくない。

その一方で、相手がこちらに害を与えたと認識すれば、即座に反応する機敏さも持ち合わせている。相手が裏切りを選択したならば、即座にそれに対応し、戦略を変える機敏さもあるのだ。これを人間関係になぞらえるならば、言われっぱなし、やられっぱなしにはならず、言いたいことをはっきり言う性質ももっているのである。

ここまで振り返ってきたように、「否定をしない」「波風を立てない」というのが、「形から入る友人」関係のつながり方であった。しかし、それでは自らの意見は封じ込められたままになってしまう。反復囚人のジレンマゲーム選手権の結果を見ると、時に波風が立つのも承知で、言うべきことを言うことの大切さを認識させられる。

相手を立てることこそ最高のコスパ

より重要なのが、もうひとつの発見である。

反復囚人のジレンマゲーム選手権の得点を詳しく見ると、「しっぺ返し」戦略は、一対一では、どの戦略を使った相手に対しても得点で勝ることはなかった。つまり、一対一の勝負では負けているのである。

にもかかわらず「しっぺ返し」戦略が一位をとれたのは、どの戦略を相手にしても、まんべんなく高い得点をとれたからだ。「しっぺ返し」戦略は、相手に少しだけ花をもたせ、相手から協力を引き出したことで高い得点を得ていたのである。ここからコスパ志向について次のように考えることができる。

コスパの最適化を考えるさいに、私たちは目先の利益を優先しがちだ。自身が相手に与えるものが多い一方で、得られるものが少なければ、そのつながりは「コスパが悪い」と見なされる。反復囚人のジレンマゲーム選手権の結果は、このような認識に再考を迫る。

短期的な損得で考えれば、相手に花をもたせるのは損な選択である。しかし、長期的なスパンで考えれば、相手に花をもたせたうえで、相手からも好意を得て生活をするのがいちばん得である。

一対一には弱いが総合力はある「しっぺ返し」戦略の優位性は、その事実を明瞭に示している。まさに、情けは人のためならず。たとえそのとき損だと思っても、そのような考えにとらわれず行為を積み重ねるのが、結果としていちばんコスパがよいのである。

コスパ志向が高まってくると、人と会う前に物事を損か得かで考えてしまいがちだ。反復囚人のジレンマゲーム選手権の結果をふまえると、物事を損か得かで考えず、協力の意思をもって踏み出してみるのが得なケースも多々あることがわかる。

合理性を軸に展開されるゲーム論の世界で、この結果が示された事実は大きく深い。私たちがコスパ志向を捨てきれないならば、短期的にコスパを求めるのではなく、長期の視点をもってコスパを考えてゆくべきであろう。

心のもちようを軽くする

友だちが一〇〇人できなくても、誰かとずっと友だちでなくてもよい。あらかじめ友だち・友人をつくろうと肩肘を張らなくてもよいだろう。先ほど振り返ったように、日本社会には、つながりをつくるきっかけがあふれている。

むしろ重要なのは、短期的なコスパにとらわれず、長期的な視点をもってコスパを考えてゆくことだ。そのような視点でいろいろな人と出会って、長い時間が経過して、友だちと呼べる人が数人でもできればそれでよいだろう。

実際のところ、長い時間一緒にいるうちに関係の質が変わり、気持ちがつうじ合うようになることもある。

私は二〇一〇年から一〇年以上、静岡県の山間部に住む高齢者に聞き取り調査を行っている。山間部は都市部に比べると、生活のさまざまな場面に「かつて」の習慣が残りがちだ。たとえば、二〇一〇年当時、七〇歳から八〇歳だった方々は、おおむね恋愛結婚をしていない。結婚の相手は、親が交流のある集落から選んで決めていたそうだ。だからといって、夫婦の間で気持ちがつうじ合っていないのかというと、けっしてそんなことはない。

山間部に住む夫婦と話していると、恋愛感情があるかどうかはさておいて、おたがいに信頼し合い、空気のように自然に一緒にいられる関係になっていることがよくわかる。山間部に住む人たちとの対話をつうじて、「結婚生活では気持ちにこだわるより、ただ、理屈なく一緒にいることのほうが大事なのではないか」と感心したことをよく覚えている。友だちの場合もこれと同じことが言える。

友人・友だちというつながりは「むかし」も「いま」もできにくく、失われやすい。だからこそ、友だちがいないからといって過剰に卑屈になる必要はない。友だちがいることのほうが奇蹟的なのだから。ごちゃごちゃ考えるよりも、まず、誰かと一緒にいてみることだ。

そのような心持ちでいたほうが、気持ちよく人づきあいができるだろうし、「真の友情」に到達できる可能性も高いはずである。

あとがき

光文社の田頭晃さんから手紙をいただいたのは二〇二一年四月のことだった。丁寧な挨拶とともに、読書人や大学生が手軽に読める『友情論』の企画をいただいた。

当時僕は、『友人の社会史』という書籍をようやく書き上げ、友人の研究や議論についてはひと区切りをつけた気持ちでいた。また、別の出版社から書籍の企画があったり、内閣官房に孤独・孤立対策担当室が立ち上げられたことで取材依頼が急激に増えたりと、かなり慌ただしい生活を送っていた。

書けるかどうか不安な気持ちを抱きつつも、ひとまず、直接会って話を聞いてみることにした。二〇二一年五月二四日のことだ。出版関係の人らしく爽やかな装いで現れた田頭さんは、本書への思いを熱く語ってくれた。

僕自身も「なんだかやれるのでは」という気持ちになってしまい、お引き受けすることにした。後にそうとうの苦労をすることも知らずに……。

田頭さんは、ソフトな語り口とは裏腹に、書籍の内容については、けっして妥協せずに意見を述べる方だった。今まであまり一般書を書いたことがなかったし、編集者さんからあまり意見を言われたこともなかったので、執筆当初はかなり戸惑いもあった。執筆した原稿にダメ出しを食らい、書き直しになったこともあった。

そのたびに、かなりへこんだりしたのだけれど、指摘を受けて書き直した原稿のほうがやはりよくなったのではないかと感じる。落胆は徐々に、感心と信頼に変わっていった。

結果として本書は、僕が最も時間をかけて書いたものになった。そして、この書籍を執筆している間は、田頭さんとたしかな友情があったように思う。

結局、大事なのは、そのとき妥協せず意見をぶつけ合ったという事実なのだ。だからこそ、そこには敬意をともなった友情が生まれる。「知り合い」の一人である田頭さんと友情を交わした時間は出版という事実よりも重いのかもしれない。その友情も本書の出版をもって終了する。

一緒に航海していた旅は終わり、これから僕たちは別の船に乗り、別の目的地に向かう。また、どこかで一緒に休憩をしたり、旅をすることもあるかもしれない。それは僕にもわからない。だが、それでよいのだと思う。感謝の思いを胸に、また新しい船に乗り込んでゆく。

石田光規

主要参考文献

アリストテレス著、朴一功訳（二〇〇二）『ニコマコス倫理学』京都大学学術出版会

石井千湖（二〇一八）『文豪たちの友情』立東舎

石田光規（二〇一八）『孤立不安社会――つながりの格差、承認の追求、ぼっちの恐怖』勁草書房

石田光規（二〇二一）『友人の社会史――１９８０‐２０１０年代 私たちにとって「親友」とはどのような存在だったのか』晃洋書房

石田光規（二〇二二）『「人それぞれ」がさみしい――「やさしく・冷たい」人間関係を考える』ちくまプリマー新書

岩田正美・平田厚（二〇一一）「現代の孤立死から見えてくるもの」『月刊福祉』95（11）12‐17全国社会福祉協議会

大野哲弥（二〇一八）『通信の世紀――情報技術と国家戦略の一五〇年史』新潮社

岡田努（一九九五）「現代大学生の友人関係と自己像・友人像に関する考察」『教育心理学研究』43（4）：1‐10.

岡田努（二〇〇七）「大学生における友人関係の類型と、適応及び自己の諸側面の発達の関連について」『パーソナリティ研究』15（2）：１３５‐１４８.

菅野仁（二〇〇八）『友だち幻想——人と人の〈つながり〉を考える』ちくまプリマー新書

キケロー著、中務哲郎訳（二〇〇四）『友情について』岩波文庫

栗原彬（一九九六）『増補・新版　やさしさの存在証明——若者と制度のインターフェイス』新曜社

清水真木（二〇〇五）『友情を疑う——親しさという牢獄』中公新書

鈴木翔（二〇一二）『教室内カースト』光文社新書

千石保（一九九一）『「まじめ」の崩壊——平成日本の若者たち』サイマル出版会

高橋英夫（二〇〇一）『友情の文学誌』岩波新書

髙橋安光（一九九五）『手紙の時代』法政大学出版局

辻泉（二〇〇六）「「自由市場化」する友人関係：友人関係の総合的アプローチに向けて」岩田考・羽渕一代・菊池裕生・苫米地伸編『若者たちのコミュニケーション・サバイバル——親密さのゆくえ』恒星社厚生閣，17-29.

土井隆義（二〇〇八）『友だち地獄——「空気を読む」世代のサバイバル』ちくま新書

中野明（二〇一七）『ＩＴ全史——情報技術の２５０年を読む』祥伝社

藤野寛（二〇一八）『友情の哲学——緩いつながりの思想』作品社

プラトン著、田中伸司・三嶋輝夫訳（二〇一七）『リュシス　恋がたき』講談社学術文庫

星名定雄（二〇〇六）『情報と通信の文化史』法政大学出版局

前川和也編著（二〇〇一）『コミュニケーションの社会史』ミネルヴァ書房

松田美佐・土橋臣吾・辻泉（二〇一四）『ケータイの２０００年代——成熟するモバイル社会』東京大学出版会

三輪卓巳（二〇〇四）「ＵＦＪ総合研究所のプロジェクト・チーム制度」奥林康司・平野光俊編著『フラット型組織の人事制度』中央経済社，129-144.

村岡花子（一九四七）『友情論』湘南書房

モンテーニュ著、宮下志朗訳（二〇〇七）『エセー　２』白水社

山田昌弘（一九九七）「友達親子が語られる背景」『季刊　子ども学』一九九七年冬号

吉見俊哉・若林幹夫・水越伸（一九九二）『メディアとしての電話』弘文堂

Axelrod, Robert, 1984, *The Evolution of Cooperation*, Basic Books.（＝一九九八、松田裕之訳『つきあい方の科学——バクテリアから国際関係まで』ミネルヴァ書房）

Beck, Ulrich, 1986, *Riskogesellschaft Auf dem Weg in eine andere Moderne*, Frankfurt: Suhrkamp Verlag.（＝一九九八、東廉・伊藤美登里訳『危険社会——新しい近代への道』法政大学出版局）

Field, John, 2003, *Social Capital*, New York: Routledge.

Fischer, Claude S., 1992, *America Calling: A Social History of the Telephone to 1940*, California: The University of California Press.（＝二〇〇〇、吉見俊哉・松田美佐・片岡みい子訳『電話するアメリカ——テレフォンネットワークの社会史』ＮＴＴ出版）

Fischer, Steven. Roger, 2001, *A History of Writing*, Reaktion Books.（＝二〇〇五、鈴木晶訳『文字の歴史——ヒエログリフから未来の「世界文字」まで』研究社）

Giddens, Anthony, 1991, *Modernity and Self-Identity: Self and Society in the Late Modern Age*, Cambridge: Polity Press.（＝二〇〇五、秋吉美都・安藤太郎・筒井淳也訳『モダニティと自己アイデンティティ——後期近代における自己と社会』ハーベスト社［二〇二一、ちくま学芸文庫］）

Gleiock, James, 2011, *The Informatiuon*, New York: InkWell Management.（＝二〇一三、楡井浩一訳『インフォーメーション——情報技術の人類史』新潮社）

Jean, Georges, 1987, *L' écriture Mémorie des Hommes*, Gallimard.（＝一九九〇、矢島文夫監修、高橋啓訳『文字の歴史』創元社）

Kurlansky, Mark, 2016, *Paper: Paging through History*, W. W. Norton & Company.（＝二〇一六、川副智子訳『紙の世界史——ＰＡＰＥＲ　歴史に突き動かされた技術』徳間書店）

Monro, Alexander, 2014, *The Paper Trail: An Unexpected History of A Revolutionary Invention*, Knopf

Doubleday Publishing Group.（＝二〇一七、御舩由美子・加藤晶訳『紙と人との歴史――世界を動かしたメディアの物語』原書房）

Nietzsche, Friedrich, 1882, *Die Frohliche Wissenschaft: la gaya scienza.*（＝二〇一二、村井則夫訳『喜ばしき知恵』河出文庫）

石田光規（いしだみつのり）

1973年、神奈川県生まれ。早稲田大学文学学術院教授。東京都立大学大学院社会科学研究科社会学専攻博士課程単位取得退学。博士（社会学）。著書に、『友人の社会史—— 1980-2010年代 私たちにとって「親友」とはどのような存在だったのか』（晃洋書房）、『孤立の社会学——無縁社会の処方箋』『つながりづくりの隘路——地域社会は再生するのか』『孤立不安社会——つながりの格差、承認の追求、ぼっちの恐怖』（以上、勁草書房）。近著に、『「人それぞれ」がさみしい——「やさしく・冷たい」人間関係を考える』（ちくまプリマー新書）。

「友《とも》だち」から自《じ》由《ゆう》になる

2022年9月30日初版1刷発行

著　者 —— 石田光規
発行者 —— 三宅貴久
装　幀 —— アラン・チャン
印刷所 —— 堀内印刷
製本所 —— 国宝社
発行所 —— 株式会社光文社
東京都文京区音羽1-16-6（〒112-8011）
https://www.kobunsha.com/
電　話 —— 編集部03（5395）8289　書籍販売部03（5395）8116
業務部03（5395）8125
メール —— sinsyo@kobunsha.com

R <日本複製権センター委託出版物>
本書の無断複写複製（コピー）は著作権法上での例外を除き禁じられています。本書をコピーされる場合は、そのつど事前に、日本複製権センター（☎ 03-6809-1281、e-mail : jrrc_info@jrrc.or.jp）の許諾を得てください。

本書の電子化は私的使用に限り、著作権法上認められています。ただし代行業者等の第三者による電子データ化及び電子書籍化は、いかなる場合も認められておりません。

落丁本・乱丁本は業務部へご連絡くだされば、お取替えいたします。
© Mitsunori Ishida 2022 Printed in Japan ISBN 978-4-334-04629-3

1208
牟田口廉也とインパール作戦
日本陸軍「無責任の総和」を問う
関口高史

いつ、誰の、どのような意思決定で計画・実施されたのか？ 失敗の原因はどこにあるのか？ 軍事研究のプロが緻密な分析で、従来の牟田口像とインパール作戦の「常識」を覆す。

978-4-334-04616-3

1209
検証 内閣法制局の近現代史
倉山満

首相官邸や財務省を抑え込むほどの力を持つ内閣法制局。その力の源はどこにあるのか？ ロングセラー『検証 財務省の近現代史』『検証 検察庁の近現代史』に次ぐ、三部作完結編！

978-4-334-04617-0

1210
エベレストの空
上田優紀

緑溢れる麓の街道、標高８０００ｍからの夜明け、天空に突き刺さる黒い頂――。挑戦した人だけが知るエベレストの全貌をネイチャーフォトグラファーが鮮やかな写真とともに描く。

978-4-334-04618-7

1211
鎌倉幕府抗争史
御家人間抗争の二十七年
細川重男

源頼朝亡き後、鎌倉幕府は異常ともいえる内紛と流血の時代を迎えた。御家人同士の抗争劇から浮かび上がる鎌倉時代初期の政治史と、武士たちのリアルな生き様を活写する。

978-4-334-04619-4

1212
萩尾望都がいる
長山靖生

『ポーの一族』『トーマの心臓』『11人いる!』『イグアナの娘』…SF、ジェンダー、多様性、親子関係etc.、常に時代の先を行くその表現に我々は何を学んだのか。魅力と活躍の軌跡を辿る。

978-4-334-04620-0

1213
いままで起きたこと、これから起きること。
「周期」で読み解く世界の未来
高城剛

社会は循環し、万物に周期が存在する。２０２０年代の現在、あらゆる分野のサイクルが幾重にも重なる転換点に立っている。時代の大波を知り、サバイブするためのヒントを共有する。

978-4-334-04606-4

1214
ＩｏＴと日本のアーキテクチャー戦略
柴田友厚

いま、なぜアーキテクチャー戦略が重要なのか？　トヨタ、ダイキン、コマツ……世界で成功している企業から何が学べるか？　二つの重要なキーワードから、日本企業が採るべき道を探る。

978-4-334-04621-7

1215
会話を哲学する
コミュニケーションとマニピュレーション
三木那由他

会話とは言葉をもって互いに影響を与え合う営みなのか？　漫画や小説などを題材に、コミュニケーションとマニピュレーションという二つの観点から、会話という行為の魅力を解き明かす。

978-4-334-04622-4

1216
昭和の東京郊外
住宅開発秘史
三浦展

戦後、住宅難から発生した土地開発バブルによる悲喜こもごものドラマを経て郊外は発展していった。当時の不動産チラシをもとに跡地を訪ね、家と町の歴史を考証する新しい住宅史。

978-4-334-04623-1

1217
農家はもっと減っていい
農業の「常識」はウソだらけ
久松達央

「農家」の８割が売上５００万円以下という残念な事実／農地転用という農家の「不都合な真実」／——農業に関する様々なウソに丁寧に反論し、これからの日本の農業のあり方を考える。

978-4-334-04624-8

1218

宇宙を動かしているものは何か

谷口義明

約一三八億年前に生まれ、膨張を続ける宇宙。謎が多いこの宇宙は、私たちが思っている以上にシンプルだ――。鍵を握るキーワードとは？　天文学者が「宇宙のエンジン」を総点検。

978-4-334-04625-5

1219

射精道

今井伸

射精は一日にしてならず――思春期から中高年まで、知っておくべき正しい扱い方と心構え、練習の重要性とは。性機能と生殖医療の専門医が、各年代で現れやすい問題と対策を解説。

978-4-334-04626-2

1220

日本の高山植物
どうやって生きているの？

工藤岳

乾燥、強風、のちに豪雪――。過酷な環境に咲く可憐な高山植物には、したたかな生存戦略があった。この道三十年の植物学者が語り尽くす〝高嶺の花〟の秘密と魅力。

978-4-334-04627-9

1221

痛みが消えていく身体の使い「型」

伊藤和磨

日常動作の「型」を知り、実践し続けることで、慢性痛や不調が消えていく――「伝統＋科学」で正しい姿勢とフォームを身につける。すべての「型」やエクササイズを動画で解説。

978-4-334-04628-6

1222

「友だち」から自由になる

石田光規

「友だち」とはメッセージ性が強すぎる概念だ！　古代ギリシアの時代から「友だち」がいかに変質してきたかを示しつつ、それでもなお成立する友情について探る。現代人のための新しい友人論。

978-4-334-04629-3